だれも書けなかった

円安誘導政策批判

金井 晴生

大学教育出版

はじめに

　今あるドル／円相場の 100 何円という水準は、敗戦直後に設定された 1 ドル＝ 360 円のように突然降って湧いて出現したものではない。円が変動相場制に移行した 73 年 2 月から 46 年という長い年月をかけて、外国為替市場（以下「外為市場」という）がいわば"育んできた"結果である。そこで、まずはじめに変動相場制移行後のドル／円相場のチャートをご覧いただきたい。

図表　ドル／円相場の推移

出所：日本銀行「時系列統計データ」

　日本の通貨「円」が変動相場制に移行すると、ドル／円相場は戦後設定された固定相場 1 ドル＝ 360 円から急落し、85 年 9 月のプラザ合意（ニューヨークのプラザホテルで開催された先進 5 カ国蔵相・中央銀行総裁会議 G5 で討議されたドル高是正のための合意）を経て、90 年代前半から現在に至るまで、100 円を中心としてほぼ上下 25 円の幅に収まって推移している。この水準は為替相場が自由に変動した結果としてそうなったのではない。ドル安・円高を

阻止するために、特に95年以降の日本の通貨当局によって円安誘導されたからである。

　サラリーマン為替ディーラーの職責・使命は所属した金融機関で収益を上げること、それに尽きる。そのためには不断に"先を読む"ことが必要だ。特にインターバンクディーラーにとっては、その時々のマーケットのテーマとムード、そしてマーケット全体のポジションをどう判断するかが勝負の分かれ目となる。その際、時々刻々の情報を追いかけることはもちろんのこと、中長期的な視点を持って相場に向き合うことも必要だ。先を読む作業は決して為替ディーラーに限られたものではないが、外為市場ではそれを遮ってしまう不自然で経済不合理と思われるものに何度も出くわした。それが日本の円安誘導政策だったのである。

　インターバンク（銀行間取引）ディーラーとして外為市場の銀行間取引に20年間、そしてFX（為替証拠金取引）業界でのディーリング業務に16年間携わった筆者があえて本書を著す強い動機付けとなった出来事は、17年1月31日に米国のトランプ大統領が日本の円安誘導政策を厳しく批判したことに対して日本政府が反論し、同時にすべてのマスコミまでもが政府に同調したことである。日本政府の反論は明らかな"嘘"であり"大本営発表"であるにもかかわらず、一般国民も日本が円安誘導などしていないと思い込まされているのだ。この事態は長年外為市場に直接参加してきた筆者にとって、どうしても受け入れがたいことだった。

　為替ディーラーの経験を持ち国際金融分野での著書も多い岩本沙弓氏は次のように述べている。

　　　一般の経済評論、国際金融の解説であれば私などよりも優れた分析はいくらでもあります。私の場合はあくまでも現場で見て・聞いて、そして実際に国際金融相場で取引をしてきた際の一参加者としての目線が基本となっています。それは時に一般の国際金融論や経済学からはかけ離れているため、突飛に映ることもあるかもしれません（『世界のお金は日本を目指す』徳間書店、12年）。

　筆者も岩本氏と同じ視線が基本となっていることを、まずお断りしておきた

い。

　日本国民は他国の人に比べて異常なほど自国通貨安（＝円安）志向が強いのはどうしてなのだろうか。おそらく経済界だけでなく一般国民の間でも、敗戦直後に採用された1ドル＝360円という固定相場が基準になっているからに違いない（戦争直前は1ドル＝4円25銭）。戦後74年近くが経過する過程で、早くは56年に『経済白書』で「もはや戦後ではない」と記述され、また時の内閣は「戦後政治の総決算」（中曽根内閣、85年）や「戦後レジームの総決算」「戦後外交の総決算」（安倍首相の持論）と謳いながらも、こと円相場についての感覚はいまだ戦後を引きずっていると言わざるを得ない。

　85年のプラザ合意以降のドル安・円高は急だったが、特に94年に1ドル＝100円を下回るドル安・円高水準になると、日本国民の誰もが皆その水準を「"超"円高」と見做すようになった。その一方で、近年アベノミクスが始まって以来、1ドル＝80円台の水準から120円台まで相当のドル高・円安になったときは、これを「"超"円安」と言う向きはほとんどなかった。実に不思議な社会現象である。そんな過程を経て、今や日本は「円安国是」となってしまった感さえある。

　さて、日本の通貨当局はどのような方法を使って円安誘導してきたのか。主なものに口先介入、実弾介入、そして金融緩和の3つがある。口先介入とは通貨当局者や政府高官などが実際に外為市場に介入することなく、口先だけで円高を阻止し、円安に誘導することである。実弾介入とは実際外為市場で主にドルを対価として円を売ることである。また、日銀による金融緩和は他国との金利差を拡大させたり円の供給量を増加させることで、円を日本国内から海外に流出させる効果がある。以上の3つをもう少し詳しく説明する。

　代表的な口先介入として「為替相場はファンダメンタルズを反映すべき」「最近の急激な円高は投機的な動きで日本経済にとって好ましくない」「市場を注視し必要に応じて断固とした措置を取る」などがある。そして、「断固とした措置を取る」という言葉が発せられるようになると市場の警戒レベルは非常に高くなる。なぜなら、日本で通貨政策に責任を持つ財務省には実弾介入という長年にわたる実績があるからだ。

その実弾介入について財務省はこう説明している。「為替相場は、基本的には、各国経済のファンダメンタルズを反映し、マーケットの需給により市場において決定されるものです。しかし、為替相場が思惑等により、ファンダメンタルズから乖離したり、短期間のうちに大きく変動する等、不安定な動きを示すことは好ましくないことから、為替相場の安定を目的として通貨当局が市場において、外国為替取引（介入）を行うことがあります」（「外国為替平衡操作の実施状況」「統計の目的」より）。しかし、筆者の長年の経験から判断すると、日本の実弾介入は為替相場を安定させるどころか、むしろファンダメンタルズから乖離させて円相場の急騰・急落を招いてきた。

実弾介入の形態もさまざまで、大きくは日本単独で実施する「単独介入」と、欧米などと協調して実施する「協調介入」の2つがある。また、実弾介入の手法として、スピード調整を主な目的とする「スムージング・オペレーション」と、相場水準そのものを変えようとする「大規模ドル押し上げ（押し下げ）・円売り（買い）介入」がある。他にも俗に言う、介入を公表しない「覆面介入」「隠密介入」と呼ばれる手法もある。これらの介入の中で最も強力なものが「大規模ドル押し上げ・円売り介入」である。この手法を初めて採用したのは95年、当時大蔵省国際金融局長だった榊原英資氏である。そしてこの手法は同氏に続く黒田東彦財務官、溝口善兵衛財務官を経て歴代の財務官へと引き継がれることとなった。

日銀による金融緩和は特に85年9月のプラザ合意以降の円高過程で何度も強化されてきたが、就中、黒田東彦総裁が13年4月から始めた「異次元緩和」は主要国の緩和策を遥かに上回る大規模なものである。その結果ドル／円相場は15年6月には125円台までドル高・円安が進んだ。それでも異次元緩和が目標とする物価上昇率2%に達する見通しは立たず、マイナス金利を導入するなど何度も緩和強化策を講じてきたため、現在に至るまで世間が「"超"円高」と騒ぐような水準を阻止することに成功している。黒田日銀は事あるごとに「金融政策は為替を目的にしていない」と主張しているが、この言葉を文字通り受け入れている外為市場関係者は誰一人としていない。

為替相場とは相手国のある相対(そうたい)の世界だから、このようにして操作されたド

ル高・円安は、米国を始めとして必ず世界各国に悪影響を与え、金融経済のみならず実体経済においてもグローバルな規模で不均衡を造成する。変動相場制移行後に発生した97年のアジア危機、08年のリーマン・ショック（米大手証券会社リーマン・ブラザーズが経営破たんしたことに端を発した世界規模の金融危機）、そして15年と18年の世界同時株安など、世界経済の危機はそれぞれ個別の要因はあるものの、共通した根本的な要因は不均衡を拡大させた「円安」なのではないか。

したがって、今日の日本と世界の金融・実体経済も非常に危うい状況にあると判断せざるを得ない。それは筆者がこれまでの円安誘導政策を検証・批判して辿り着いた結論だが、その理由を先に申し上げれば、この半世紀近くの間で円安誘導の万策が尽きたからである。本書の題名を「だれも書かなかった」ではなく「だれも書けなかった」とした訳は、本書を読み進める内に少しずつご理解頂けると思う。

なお、為替相場にはなじみの薄い読者にも分かりやすく読んでいただけるよう、本書での「為替相場の表示方法などについて」を目次の後に、多くの章にまたがる「実弾介入の実施状況（91年以降の詳細）」「日経平均株価とニューヨークダウの推移（00年1月～19年3月）」を「付録」として本書末尾に掲載した。随時参考にしていただきたい。また、本文中に登場する人物の所属・肩書き等は当時のものとし、為替相場や統計数値などはできるだけ正確を期し、可能な限り最新のデータを採用した。

最後に、許されるならば本書を「東京外為市場」に捧げたい。

2019年　平成最後の春に

金井晴生

だれも書けなかった円安誘導政策批判

目　次

はじめに …………………………………………………………… i

第1章 プラザ合意は"無条件降伏"ではない ………………… *1*
 日本の円安志向はニクソン・ショックから始まった *2*
 そしてプラザ合意へ──束の間の円高志向 *6*
 何でもプラザ合意のせいにするのは誤り *9*

第2章 無力だった円安誘導──バブル時代──……………… *11*
 円高阻止を目的とした金融緩和政策がバブルを生成 *12*
 初めて出会ったドル押し上げ・円売り介入 *14*
 円安にしないと総理・総裁になれない *15*
 当時の介入効果について *17*

第3章 内外大激動の時代──ドルロング/円ショートポジションの積み上がりとその巻き戻し──………………………… *19*
 無理やり上げても内外が激動しても下がるものは下がる *20*
 織り込み済みとなった湾岸戦争 *24*
 ソ連のクーデター *25*
 ポンドのERM離脱 *26*
 今でも通用しそうな「ベンツェン・シーリング」 *28*

第4章 ブルドーザー介入が外為市場を破壊 ………………… *31*
 君子は豹変する？ *32*
 円安誘導のためなら手段を選ばず *33*
 IMF協定にも違反 *35*
 実弾介入を武器にして口先介入も頻繁 *37*
 インサイダーまがいの行為も *38*

アジア通貨危機の原因となった円安誘導　39
「過度の変動防止に効果」は幼稚──分析対象の資格なし　41

第5章　1ドル=100円を死守して円キャリートレードの時代へ … 43

「日本売り」のあとドル大暴落・円大暴騰　44
大規模ドル押し上げ・円売り介入が失敗すると日銀に責任転嫁　46
「2000年問題」を無事通過して本格的な円安誘導へ　48
財務省が世界最大の円キャリートレーダーへ　50
小泉首相に円安誘導を許してしまったブッシュ大統領　51

第6章　リーマン・ショックの根因となった円安誘導 …………… 55

G7の円安誘導批判にも日本は馬耳東風　56
世界同時株安に恐れをなしたG7　58
三國陽夫氏の警告──『黒字亡国』　60
「円安バブル」崩壊　62
円安が是正されると世界同時株安になる　65

第7章　リーマン・ショックを経て民主党政権へ ………………… 69

12年ぶりの1ドル=100円割れでも介入なし　70
円キャリートレード救済のため米国がドル高誘導？　72
民主党政権に代わり財務相が円安誘導政策を批判　74
やっぱり実弾介入頼み──手法には進歩あり　76
震災後にドル/円戦後最安値を更新76.25円（11年3月17日）──「円高ショック」で協調介入へ　79
同じメカニズムでスイスフランが大暴騰　81
ドル/円戦後最安値75.32円（11年10月31日）──単独無制限介入　83
実弾介入を総括・評価する　85

第8章　円安誘導できないと日銀総裁の首も飛ぶ ……………… *89*

白川日銀総裁は円安誘導のための金融緩和に必死に抵抗したが… *90*
超円高の責任を日銀に被せて政権奪取　*93*
円は安全通貨だから買われるのではない　*95*

第9章　異次元緩和で円安誘導 ……………………………………… *99*

黒田バズーカ砲1　*100*
黒田バズーカ砲2　*104*
黒田日銀総裁が口先介入 ― 米国が1ドル=125円以上のドル高を容認せず？　*106*
黒田バズーカ砲3＝ついにマイナス金利導入　*110*
黒田バズーカ砲3も不発に　*112*
究極の円安誘導手法＝3者会合　*113*

第10章　「黒田バズーカ砲」VS「トランプ砲」 ……………… *119*

「黒田バズーカ砲」VS「トランプ砲」　*120*
「円安国是」による異常な社会現象　*124*
円安・株高がピークを迎える　*127*
マーケットVS日本政府の激しい攻防戦　*128*
19年1月3日の円大暴騰は何かの予兆？　*130*

終　章　さまざまな観点から ……………………………………… *133*

円安・株高で企業の安倍政権支持率は異常に高く　*133*
円安誘導した異次元緩和が破綻する日　*134*
日本が失ったもの＝今だけカネだけ自分だけ　*136*
　1．日本の中央銀行である日本銀行に対する信認　*137*
　2．国際的な信用　*138*

3. 日本の競争力　*139*

　　4. 一般家庭の利息収入　*139*

　　5. 国力　*140*

　不均衡が造成される仕組み　*141*

　円キャリートレードは七難隠す　*145*

　特別な豪ドル／円相場　*148*

　適正相場水準について　*149*

　ユーロについて　*152*

おわりに ……………………………………………………………… *156*

付録　実弾介入の実施状況（91年以降の詳細）、日経平均株価とニューヨークダウの推移（00年1月～19年3月） …………………… *159*

主要参考文献 ………………………………………………………… *172*

■ 凡例

為替相場の表示方法などについて

1. 「為替相場」とは「異なる通貨間の交換比率」である。したがって、どちらの通貨を基準とするかによって2通りの表示方法がある。1つはドル／円のように米ドルを基準通貨とし、相手国通貨で建値する方法であり、もう1つはポンド／ドルのように、米ドルを建値通貨とするものであり、ポンドの他に豪ドル、ニュージーランドドル、ユーロなどがある。
2. 例えば「ドル／円相場」とは「1ドル＝何円か」ということを表しており、ここで使われている「／」の記号は「＝」と考えて構わない。ときどき「円／ドル相場」や「円・ドル相場」という表示を目にするが、外為市場では通常「1円（または100円）の値段が何ドルか」という形では取引しないため、この表示は誤解を招く可能性があり、「ドル／円相場」という方が分かりやすい。
3. 単に「円相場」という場合は「1ドル＝何円か」というだけでなく「1ユーロ＝何円か」「1豪ドル＝何円か」など、複数の他通貨に対する価値も含む。つまり、「ドル／円相場」は「1ドル＝110円」しか意味しないが、「円相場」という言葉は「1ドル＝110円」だけでなく「1ユーロ＝125円」などについても念頭に置いて使われていることがある。したがって「ドル安・円高」は「ドルが下落し、円が上昇する」ことしか意味しないが、「円高」はドルに対してのみならず、広くユーロや豪ドルなどに対しても円が上昇することを意味していることがある。
4. 通貨単位の小数点以下何桁までを建値するかは通貨によって異なる。通常、日本円の場合は銭単位まで、他の主な通貨は小数点以下第4位までである。このとき、レートの最小単位を「ポイント」と言う。
5. ドル以外のその他通貨に対する円の相場を「クロス／円相場」と言う。
6. 「ドルロングポジション」とはドルを買った状態で保有することを表し、「円ショートポジション」とは円を売った状態で保有することを表す。

だれも書けなかった円安誘導政策批判

第1章

プラザ合意は"無条件降伏"ではない

　多くの国民は「円高」が米国に"してやられた"ものだと思い込んではいないだろうか？　中曽根首相と竹下蔵相はその意識改革を狙ったが裏目に。それでもマーケットは"無条件降伏"ではないことを教えてくれた。

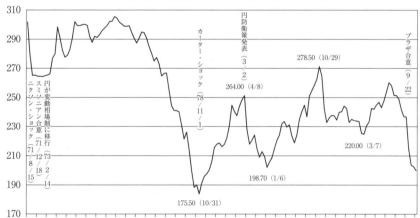

ドル／円相場の推移（73年1月〜86年1月）

出所：日本銀行「時系列統計データ」より作成

日本の円安志向はニクソン・ショックから始まった

　日本の"円安依存症"ともいうべき円安志向は、71年8月15日のニクソン・ショックから始まったと考えられる。ニクソン・ショックとは、当時の米大統領ニクソンがドルと金との交換性を停止することを主な内容とする「新経済政策」を電撃的に発表したことである（米国東部時間日曜日夜9時）。第二次世界大戦後の国際通貨体制の枠組みは、ドルを基軸通貨として、米国は金1オンス＝35ドルの固定レートで交換することが義務付けられ、その他各国通貨はドルとの固定レートで金に交換されることだった（ブレトン・ウッズ体制）。しかし、米国の国際収支悪化によってドル売りが強まるにつれ、各国から金交換を要求される金額は増大、米国がドルと交換できる金の準備額がもはや不足してしまったのである。

　この時の声明でニクソン大統領は次のように述べている。

　　　彼らは我々の強力な競争相手であり我々は歓迎しています。しかし他国の経済が強くなった今、彼らが世界の自由を守るための負担を公平に分担すべき時期が来たのです。為替レートを是正して主要国は対等に競争する時です。もはやアメリカが片手を背中に縛られたまま競争する必要はないのです……。

　何やら今トランプ米大統領が仕掛けている貿易戦争に似ていることには注目すべきである。

　当時の米国は日本から繊維製品の輸入が激増して日米繊維交渉が熾烈を極めていたこともあり、声明で言うところの「彼ら」とは明らかに日本を含んでいる。日本が狙い撃ちにされた格好だ。また、この重大決定が佐藤栄作首相に知らされたのが発表の10分前、日本時間8月16日月曜日午前10時で、東京外為市場はすでに開いていた。その時の様子を佐藤首相はこう記している。

　　　突然米国大統領からの電話という事で、何事かと思って電話に出ると、ロジャーズ長官が大統領の代理として小生への電話。只今は大統領はTVに出ており、首相に伝えてくれとの大統領の命で電話すると前置きして（中略）やりもやったり

の感（『佐藤榮作日記』第四巻、朝日新聞社、97年、398ページ）。

　ニクソン大統領とは沖縄返還協定の調印（71年6月17日）を成し遂げた直後のことでもあり、ショックはかなり大きかったようで、"まんまとしてやられた"という受け止め方だ。

　発表日が日本の敗戦日だったことは、やはり一般国民にとっても感情的に面白くない面はある。しかし、米国の立場に立ってみれば、この決定の直接的な引き金になったのが8月13日、英国が30億ドルの金交換を要求したことだったのは史実である。首相でさえこのような反応だったのだから、ましてやニクソン・ショックが一般国民にも相当の被害者意識を植え付けたことは間違いない。

　このショックに対し、事態を重大視した欧州主要国は1週間にわたって外為市場を閉鎖した。しかし、日本だけが大蔵省の柏木雄介顧問の主張に従って市場は開け続けることとなった。日本の平衡ドル買い金額は8月16日だけで6億ドル、8月27日までの10日間で約40億ドルに達したという。それでも8月28日には変動相場制に移行せざるを得なくなり、1ドル＝360円から341円へとドルは急落、円は急騰したのである。

　なぜ日本だけが市場を開け続けたのか。そのあたりの事情について元財務官で当時大蔵省財務官室長だった行天豊雄氏は『私の履歴書』（日本経済新聞社、06年）の中で次のように回想している

　　　柏木さんには『東京市場を閉めないことで、米国を助けている』という意識があったようだ。米国はドルを金から切り離すものの、ドルの価値を速やかに安定させ、固定し直すことを望んでいるのだろう。日本が1ドル＝360円の平価でドルを買い支えれば、米国はありがたいと思っているはずだ—。米国は大幅なドル体制の変更を考えていない、との判断が柏木さんにはあったのではないか。結果としてみれば、ドル切り下げを狙ったニクソンの意図を読み違えていたことになる（『私の履歴書』⑫、10月13日）。

　柏木雄介顧問は事態打開のため、フランスと米国に出発していた。柏木さんはワシントンでコナリー財務長官やボルカー次官と接触したが、成果は上がらない。国際通貨基金（IMF）理事だった鈴木秀雄さんが柏木さんに『円の切上げは

避けられない』と諭し、柏木さんも悟った(『私の履歴書』⑬、10月14日)。

　また、日本銀行ロンドン駐在参事として直接ボルカー米財務次官から「新経済政策」の説明を受けた元日銀総裁の速水優氏は以下のように述べている(『変動相場制10年―海図なき航海』東洋経済新報社、82年)。故人となった同氏の貴重なメッセージと思われるので、いつまでも心に留めておきたい。

> ただ、私がこの決定に関して、ヨーロッパ諸国通貨当局の反応との比較として、現地で感じたことは次の点である。当時の日本のおかれた歴史的環境の中では、ある程度やむを得なかったことかもしれないが、ニクソンの新政策の意義について、ヨーロッパ中央銀行の受け止め方とは違っていた。すなわち彼らは『金の裏付けのないドル』は拒否したいとの強い、しかも共通の考え方を持っており、新政策のパッケージの中では、当然のことながらドルの交換性停止に重点がおかれていた。これに対し、日本の方はドルとの一蓮托生という考え方が強く、ドルさえ持っていれば必要なものは買えるし、ドル価値の減価にヨーロッパ諸国ほどの強い関心がなかったし、むしろ市場閉鎖したあと再開する時のキッカケとして円切上げが必要となるとすれば、それこそ国内不況・輸出産業へのダメージにつながるとして、市場閉鎖を恐れていたように思う(26ページ)。
>
> ただ、私としては、本部の意を体し、ヨーロッパ諸国に対して、『円平価は断固維持』と二週間余り『孤独な戦い』を続けてきただけに、それが敗れた挫折感というか、虚脱感はおおうべくもなく、まして本店の井上(四郎)理事、藤本局長などの心労は察するに余りあり、局長の電話の声も心なしか元気がなかった(31ページ)。
>
> 戦後の日本経済の中に完全にビルト・インされていた360円の固定相場体制が消えたという意味でも、またより長い視点から、円の歴史なり、歩みを眺める場合にも、この日からのフロートの開始は、事実として大きな変化とみなされてよい。『通貨の価値を守るべき番人』の立場から、いまいえることは、戦後22年も続いた1ドル＝360円固定相場体制の崩壊が『円の切下げ』の方向ではなく、『円切上げ』の方向であったことは、まことに慶賀すべきことであったと思う。通貨に限らず、"信認"というものは、下がることはやさしく、上げるには長年にわたる多大の努力を必要とするものだからである(32ページ)。

　こうして主要国通貨はいったん変動相場制に移行したが、この段階では各国

ともいずれ固定相場制に復帰するという意識があったため、金交換性を失ったドルを中心とした国際通貨体制の構築が試みられ、71年12月18日にワシントンのスミソニアン博物館で開かれた10カ国蔵相会議で新体制について合意した。

このスミソニアン体制で円は16.88％切り上げ、1ドル＝308円となった。水田三喜男蔵相の通訳として日米交渉に同席した行天氏によれば、「コナリーが18％、水田さんは17％以下と譲らない〜水田さんも佐藤栄作首相から『20％まではやむなし』と任されていた」（『私の履歴書』⑬、06年10月14日）そうだ。ただし、『佐藤榮作日記』には「水田君に1ドル315円から310円までの巾をまかす。勿論新聞には極秘」（第四巻、486ページ）と記されている。

いずれにしても日本にとってはかなり厳しい円切り上げ幅だったようで、水田蔵相は12月19日に次のような「談話」を発表して国民を鼓舞している。

> 円は世界最強の通貨となり、国際通貨調整の一環として、主要国通貨の中で最も高い切上げが行われることになった。円の新しい世紀は、円の新しい為替レートによってスタートしようとしている。我が国経済の持つ若々しいエネルギーが続くかぎり、私は、円の将来に対し、いささかの不安も抱いていない。国民の皆様とともに力を合わせ、『新しい通貨』のもと、『新しい国づくり』に向って邁進してまいりたいと思う。

このように、当時の日本政府には円高をポジティブに捉えて国民の発奮を促す姿勢もあった。しかし、それも一時的なもので、その後は「不安」ばかりだ。隔世の感がある。

こうしてスミソニアン合意は成ったものの、その後もドルに対する信認が回復することはなく、特に73年2月に米国の国際収支大幅悪化が発表されると一段とドル売り・円買いは激化して、ついに73年2月14日、円は変動相場制に移行した。実質的なスミソニアン体制の崩壊である。

1ドル＝360円という円の超割安なレートで米国に輸出攻勢を仕掛ければ、一方の米国の赤字は拡大するから円は強くならざるを得ない。それは明白だったはずだ。それにもかかわらず、ニクソン・ショックから円が変動相場制に移

行するまでの1年半ほどの間、多額のお金をつぎ込んでドル買い・円売り介入を続けるなど、日本政府は受け身の対応を続け、必死に円の切り上げを阻止しようとしたのだ。"ハイレベルの政治判断"（速水優『変動相場制10年―海図なき航海』26ページ）がそうさせたのだが、これが円安誘導政策の原点と言っていいだろう。

そしてプラザ合意へ―束の間の円高志向

日本の貿易・経常黒字は73年2月14日の変動相場制移行後いったんは減少したが、77年と78年には急拡大した（図表1-1参照）。そのため、当局による巨額のドル買い・円売り介入も虚しく、一貫して急激なドル安・円高が継続した。78年7月には節目である1ドル＝200円を突破。さらに、10月31日には175.50円まで達していた。漸くここにいたってカーター米大統領はドル防衛策を発表することとなった（78年11月1日、カーター・ショック）。主な内容は、公定歩合を1%引き上げて9.5%とすると同時に協調的な介入を

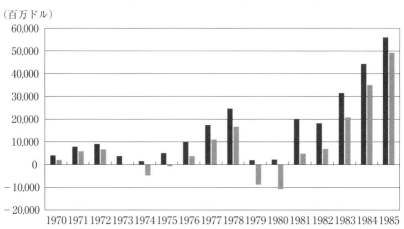

図表1-1　貿易収支と経営収支（70年～85年）

出所：日本銀行、国際収支統計より作成

強化することだった。

それまでの米国はドル安を放置するという「ビナイン・ネグレクト（benign neglect）」政策を採っていたと思われていただけに、それを覆して米国が自らドル安是正に舵を切ったことはサプライズだった。そのためマーケットに与えた影響は絶大だった。ドル/円相場は翌79年初め頃には200円まで回復し、その後の第2次石油ショックによる原油価格の急騰や米FRB（連邦準備制度理事会）の新金融調節（金融政策の目標を金利からマネーサプライに変えた）による高金利も手伝って、80年4月8日には1ドル＝264.00円までドルは急騰、円は急落した。

その1カ月ほど前の3月2日に発表された円防衛策による協調ドル売り・円買い介入が効果を現し始めると、ドル/円相場はこれを高値に反落して81年1月6日に再び一瞬200円割れを示現（198.70円）。その後82年10月29日に278.50円までの上昇を見た後、以来85年9月のプラザ合意後まで200円の大台を割り込むことはなかった。ちなみに、筆者が輸出入や予約などの外為業務を経て、インターバンクディーラーとして直接銀行間取引の為替売買に参加するようになったのは、ちょうどその頃82年からである。

そのプラザ合意の内容や合意にいたった経緯・背景については多くが語り尽くされているので、ここで解説することは控えるが、当時の日本の対応についてだけは確認しておきたい。以下は横浜商科大学教授だった加野忠氏による解説である（『ドル円相場の政治経済学』日本経済評論社、06年）。

> 大場財務官（当時）は、もともと日米両国の政策協調の協議からプラザ戦略が始まったという。すなわち85年6月のG10出席のため来日したベーカー財務長官から竹下蔵相に、そしてマルフォード財務次官から大場に協議の申し入れがあったという。これを受けて日本はプラザ戦略形成に積極的に協力した。プラザ戦略は、ベーカーと竹下蔵相のイニシアティブで進められたといってよい。円高回避が為替政策の中心命題であった日本では、円高に協力することは政治的に重大な賭けであり、日本の経済戦略の重大な転換を意味するものであった。日米貿易不均衡の拡大で高まる日米関係の緊張を緩和し、米議会を中心として高まる対日感情を鎮静化するには、他に方法がなかったということであろう（170ページ）。

プラザ合意が発表された9月22日は日曜日で、翌日月曜日は日本が秋分の日だった。一刻も早く高値でドル売り・円買いしたかった東京勢にとって、この1日のハンディキャップは大きかったのだが、すでに海外市場では協調介入が実施されてドル／円相場は225円近くまで急落する場面があり、ニューヨーク市場の終値は226.00円だった。

　そして迎えた9月24日、東京市場オープン前から輸入業者などのドル買い・円売り注文が殺到し、東京市場は1ドル＝229.70円で取引が始まった。その後丸一日中、顧客からの注文はほとんどどがドル買い・円売りと言っていいくらいで、一時232.60円までドルが上昇する場面もあり、それは筆者の個人的な予想を遥かに上回った。

　片や、当局からは頻繁にマーケットをチェックする電話が入り、ドル売り・円買い介入は断続的に実施され、何としても230円以下に誘導するという日本政府・通貨当局の強い意志が感じられた。結局東京市場終値は230円台半ばで、週末ニューヨーク市場の終値に比べて11円ほどのドル急落・円急騰となった。当日の当局の姿勢について船橋洋一氏はこう記している（『通貨烈烈』朝日新聞社、88年）。

> 　西ドイツの出方に不満であることを隠そうとしなかったアメリカも、日本の思い切った介入作戦には大いに満足した。介入に対する日本の意気込みは、プラザ会議から帰途に着く竹下がニューヨーク・ケネディ空港で大蔵省事務当局に『徹底介入』を指示したことによく表れている。この指示を受けた日本代表団は、本省で介入の陣頭指揮をすることになっていた山口光秀次官に電話を入れ、竹下の意気込みを伝えた。山口は翌9月23日、本省で為替担当者を前に『240円から一気に230円までもっていこう。徹底介入あるのみだ』と決意のほどを表明した。竹下と山口には『プラザ戦略をこちらからも言い出した手前、東京市場でドル高に戻るようなことになれば面子丸つぶれだ』という気持ちがあった（49ページ）。

　こうした竹下登蔵相の徹底介入はもちろん、中曽根康弘首相の理解と支持がなければ実現できなかった政策転換である。「中曽根首相は、元来円高志向であった。円高政策への転換は、単なる日米経済摩擦回避のための防衛的な行動ではなく、日本の経済社会の変動や国際的地位の変化に見合って構造改革を

進めるために必要と考えた」(加野忠『ドル円相場の政治経済学』170ページ)のである。

　つまり、プラザ合意に対する日本政府の姿勢はニクソン・ショックから変動相場制移行に至るまでの時期とは様変わりして、積極的に円安是正に取り組んだということだ。しかし、プラザ合意後東京市場にとっての初日の顧客反応から判断すると、一般国民の協調介入の効果、すなわち円高政策への転換に対する不信感は根強く、当局との意識の乖離が認められた事例として記憶に留めておきたい。このことが後々数十年にわたって尾を引くことになるのだから。

何でもプラザ合意のせいにするのは誤り

　その後86年1月24日に竹下蔵相が1ドル＝190円を容認する発言をすると、これをきっかけに200円を割り込む水準が定着。すると国民のプラザ合意に対する評価は格段と厳しいものへと変質した。以来今日に至るまで言われ続けていることは、「この円高は米国に強いられたプラザ合意から始まった。そのために日本は円高不況に陥り、国内生産は海外に移転し空洞化。バブル崩壊後の"失われた20年、30年"も、長年にわたるデフレも円高のせい」という理屈だ。プラザ合意さえなかったらこんなことにはならなかった、プラザ合意は日本の"無条件降伏"という訳である。

　しかし、マーケットに直接参加していた筆者の経験から判断すると、プラザ合意なくしてもドル安・円高基調は続いていた、と断言できる。それはプラザ合意の前年に特段急激なドル売り・円買いを促すような材料やニュースもなく、政策変更があった訳でもないのにドルが220円まであっという間に暴落しているからだ。84年3月2日金曜日、ドル／円相場は東京市場の終値が233円台だった。ところが当日のニューヨーク市場で突然227円台までドルは急落。さらに翌週の水曜日には220円ちょうどまでドルは暴落した。それまでの間、83年9月末から84年3月2日まで、実に5ヵ月以上にわたって230円から235円の間でレンジ相場が続いており、この5ヵ月間狭い値幅できわめて安定した推移が続いていたのに、それが瞬時のうちに均衡が崩れ、たった数

日間で13円もドルが暴落、円が暴騰したのである。

　なぜこんな急変動が起きたのか。考えられる理由はただ一つ、81年から経常黒字と貿易黒字が急拡大したことである（図表1-1を参照）。特に83年からの伸びが著しい。それだけ貯め込まれたドルロング／円ショートポジションを解消するだけで、数日間に13円もドルを押し下げる力があることが実証されたのだ。

　さらに、もっと長期的に直截的に言えば、1ドル＝70円台に至る過程でドル買い・円売り実弾介入した金額はプラザ合意でドル売り・円買い実弾介入した金額を遥かに上回り、それでもプラザ合意以前の水準に戻せなかったことからして、プラザ合意がなかったとしてもドル安・円高基調は続いていたと結論できる。一般国民はプラザ合意を被害者的に捉える向きが多いが、これは違うのだ。プラザ合意が日本の"無条件降伏"という発想はもう止めようではないか。

第2章

無力だった円安誘導
― バブル時代 ―

　円高阻止・円安誘導を最優先課題として金融政策を犠牲にバブルを生成。総理・総裁の座に就くには円安が必要だ－このことを身をもって示したのが安倍首相である。

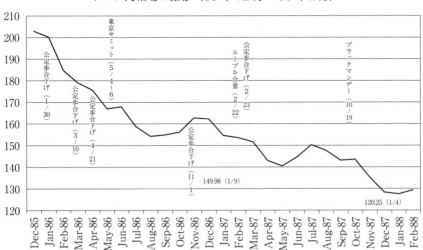

出所：日本銀行「時系列統計データ」より作成

円高阻止を目的とした金融緩和政策がバブルを生成

　ドル／円相場が200円を割り込んだ86年1月2日から、88年1月4日に120.25円をつけて（88年11月25日も120.67円まであった）反転するまでの2年間は、戦後最安値を次々と更新していく過程で、日本政府は円高阻止・円安誘導を最優先課題として、なりふり構わぬ対策を講じた時期だった。すなわち、実弾介入、口先介入、金融緩和、そして財政出動もした。プラザ合意からわずか7カ月ほどで、78年11月1日のカーター・ショック前日10月31日につけた戦後最安値175.50円をしっかり割り込んだことが決定的だったのだ。

　この間プラザ合意からたった2年3カ月余りでドルの価値が半減し、しかも360円の3分の1になってしまったのだから、輸出企業を始めとして各方面から政治に対して強い圧力があったことは想像に難くない。この頃「竹下の長い政治生活の中で、『選挙応援に来てくれるな』と言われたのはこれが初めてだった」という（船橋洋一『通貨烈烈』223ページ）。

　対策の中で最も円高に翻弄されたのが日銀である。ドル／円相場の推移を追いながら公定歩合の変更を辿るとこんなことになっている。86年1月2日に1ドル＝200円を割り込むと、日銀は早速1月30日に公定歩合を0.5％引き下げ4.5％とした。続けて3月10日と4月21日にも「為替相場の急激な変動を回避する」ため、0.5％幅で日米協調利下げして3.5％へ。1ドル＝160円を割り込むと11月1日に3.0％に引き下げ、さらに87年1月9日に150円割れを見ると、2月23日から2.5％へ引き下げた。この決定は前日2月22日のG7（先進7カ国蔵相・中央銀行総裁会議）による「ルーブル合意」（パリのルーブル宮殿で開催されたため、こう言う）と一対のものだった。ルーブル合意は「為替レートを当面の水準近辺に安定させることを促進するために緊密に協力すること」が主な内容で、ドル安に歯止めをかけることが目的だったからである。

　しかし、ルーブル合意はきわめて脆弱なものだった。87年9月4日、新たにFRB議長に就任したグリーンスパンは、インフレ圧力を抑えるために3年5カ月ぶりに公定歩合を5.5％から6.0％へ、0.5％幅引き上げた。それは大きな

政策転換だった。その頃、ベーカー米財務長官は日独に対して利上げをけん制していたが、ドイツ連銀は9月下旬から国内のインフレを懸念して短期金利の高め誘導を始めたのだ。これに対し10月17日、ベーカー財務長官は「西独が一層の金融引き締め策を取るなら、米国は為替安定のためのルーブル合意を見直さざるを得ないだろう」と西独当局に対して強く警告した。さらに、「米国が西独に追随して利上げすると思うのは間違いだ」とも述べ、ドル安容認を示唆した。これでルーブル合意の政策協調は破たん、「ブラックマンデー」(1987年10月19日、ニューヨーク株式市場が過去最大の下落幅を記録、世界同時株安となった)の直接的な引き金になったのである。

当時2,200ドル台だったニューヨークダウは、その日1日だけで508ドル安、率にして22.6％と史上最大の大暴落となった。これが世界中の株式市場に連鎖し、翌10月20日火曜日には日経平均株価も3,836円安（14.9％の下落率）という記録的な下げを演じた。史上最大の世界同時株安が誰にとっても未経験だったことから、為替ポジションを保有することを禁じた銀行もあったようで、当日を含む数日間、株式市場の大暴落を横目に外為市場は意外と安定していた。その背景には資金繰りに苦しむ米系証券会社のドル買い戻しもあったようだ。しかし、そのドル買いが一巡して10月28日に1ドル＝140円を割り込むとドル安・円高基調は鮮明となり、88年1月4日に戦後最安値120.25円を示現した。

このブラックマンデーによって、2.5％という低金利は89年5月31日まで実に2年3カ月間も続き、はたして円高阻止・円安誘導を目的とした金融政策はバブル経済生成の元凶となったのである。現在、黒田日銀総裁がたびたび「為替を金融政策の目的としていない」（実際は違う）と断っているのは、主要国金融当局者共通の建て前であるとしても、バブル時代の日銀の失敗が国民の間に深く刻み込まれていることを強く意識していることも一因だろう。

財政出動については87年5月に総事業費6兆円の大型「緊急経済対策」が決定された。結果、中曽根内閣が掲げた「増税なき財政再建」の旗は降ろされ、90年代に入ると「総合経済対策」の規模は大きく拡大してしまった。今ある「財政破綻」も元を辿れば円高阻止・円安誘導が元凶ということになる。

初めて出会ったドル押し上げ・円売り介入

　80年代の実弾介入の実績については財務省が91年以降の状況しか公表していないため、外貨準備高の推移から推計するしか方法がない。85年末の外貨準備高のうち外貨が219億ドルで88年末のそれが905億ドルだから、差し引き686億ドルとなって、この3年間に利息収入を除いてもこれに近い金額のドル買い・円売り介入が実施されたと思われる。

　その間具体的に何年何月何日に実施したのかも不明だが、筆者の記憶に鮮明に残っているのは88年1月4日、新年早々にドル／円相場が東京市場で当時の戦後最安値120.45円を示現した日のことである。ほとんど1ドル＝360円の3分の1となり、東京市場オープンに先立つオセアニア市場では120.25円まであった。シドニー時間午前9時30分頃、東京時間午前7時30分頃である。

　その安値を示現した直後から、ドルは見る見るうちに122円台へ急騰した。ドル買い介入していることは情報ベンダーでも確認できる（翌日の新聞報道では介入金額を5億ドルとしている）。しかし、介入方法はそれまでとは明らかに違う、ドルの水準訂正を目指す「ドル押し上げ」ではないかと感じられた。欧州市場に入ると西独、スイス、イタリアもドル買い介入に参加し、ニューヨーク市場ではニューヨーク連銀もドル買い介入を実施した。協調ドル買い介入である。

　翌日1月5日に政府はG7各国がルーブル合意を事実上修正して、1ドル＝125～130円を下限とすることに合意したことを明らかにした。その合意を実現するために、乱高下を防ぐスムージング・オペレーションを一歩進め、ドル相場を積極的に上昇させる「押し上げ介入」を採用することにしたのである。やはり1月4日からの介入手法はドル押し上げ介入だったのだ。大打撃を被った筆者はじっと挽回のチャンスを狙っていた。

　すると1月7日、東京市場が130円レベルで終わった後、夕方に時事通信社から確か大蔵省高官の話として「今後ドルを押し上げる方法で介入することはしない」旨の報道が飛び出して、即刻ドルは128.70円まで売り込まれた。

もちろん筆者も便乗した。なお、88年11月25日も120.67円まで下落するとドルを押し上げる手法の介入で120円割れを阻止した。実は、当日以降長い間封印されていたこの介入手法＝ドル押し上げ介入が95年に大規模な形で再開されるのである。

円安にしないと総理・総裁になれない

86年5月4日〜6日に開催された東京サミットの議長はプラザ合意を支持した中曽根首相だった。連休明け6日火曜日のドル／円相場は週末引けに比べて5円近くも急落し、165円台から取引が始まった。これを契機に首相はいっそう円高の責任を問われ窮地に追い込まれた。批判は野党からだけでなく自民党内部からも沸き上がることに。

　7月には衆参ダブル選挙があった。中曽根さんは『選挙前には170円台に戻して欲しい』と言ったが、市場の流れに逆らう介入の効果は乏しかった。中曽根首相の後継争いも絡み、宮沢喜一自民党総務会長は中曽根首相と竹下蔵相がプラザ合意で円高を招いたと強く批判していた。選挙後の内閣改造で、中曽根首相は『それなら』と宮沢さんを蔵相に就かせた。円高を批判していた宮沢さんが、今度は円高を止める責任を負わされたのである（行天豊雄『私の履歴書』㉑日本経済新聞、06年10月22日）。

「宮沢は、中曽根に対しても自分の通貨外交の力量を証明しなければならないという心理的プレッシャーを感じざるを得なかった」（舟橋洋一『通貨烈烈』240ページ）。宮沢氏本人も「円が上がれば、1日に3,000億円もつぎ込んでドル買い出動するが、次の日にはまたドルが下がってしまう。『おれは何をやっているのか』。本当に情けない気持ちになった」（宮沢喜一『私の履歴書』㉑、06年4月22日）と本音を吐露している。

　宮沢蔵相は頻繁に実弾介入を実施する一方でベーカー米財務長官と何度も協議を重ねたが、米国の産業界や議会は一段のドル安・円高を求めていたため、米国サイドからの口先介入＝ドルのトークダウンもあり、有効な手を打て

ぬままドル安・円高は加速していった。そして、中曽根首相が87年11月に退任するに当たり、ニューリーダーと呼ばれた3氏（竹下登、安倍晋太郎、宮沢喜一）の中から自民党総裁に指名したのは竹下登だった。宮沢蔵相は外されたのだ。中曽根首相の判断には「円高批判をしていた当人が円高阻止できなかったのでは総理・総裁の資格なし」との思いもあったのではないだろうか。

こうした円高阻止と政治の世界における人事との関係について思いを巡らすと、95年の大蔵省幹部の人事は興味深い。以下は筆者の、あくまでも個人的な推理である。95年に1ドル＝80円台だった相場を大規模ドル押し上げ介入で一気に100円台に押し上げた陣頭指揮者が、大蔵省国際金融局長ポストに大抜擢された榊原英資氏だったことはご存知の方も多いだろう。前職は退官待ちポスト的な財政金融研究所長だったことから、大蔵省の関係者のみならず、多くの外為市場関係者が驚いた仰天人事だった。

この人事については本人が「行天さんが僕のことを買ってくれていて、局長に推薦してくれたらしいです」と語っている（産経ニュース【話の肖像画】17年5月25日）。しかし、この重要ポストが元財務官の推薦だけで決まるとは思えない。確かに「時の大蔵大臣武村と大蔵次官斎藤次郎の間の確執があり〜私が予想に反して国際金融局長になったのも武村人事だったと言われています」とも、榊原氏は『強い円は日本の国益』（東洋経済新報社、08年、19ページ）の中で述べている。

その通り、当時の政権が自民党・社会党・新党さきがけによる三党連立政権だったことが大きく影響したのではないか、というのが筆者の見立てである。首相は村山富市社会党委員長で、蔵相が武村新党さきがけ代表だったことから、自民党で政調会長を務めていた加藤紘一氏の発言力は無視できないものがあったはずだ。この人事はその加藤氏が榊原氏を武村蔵相に強く薦めた結果実現したのではないだろうか。自らの将来の総理・総裁就任をも見据えて。榊原氏に与えられた使命は言うまでもなく、ドル／円相場を100円以上のドル高・円安水準に戻すことである。

外交官出身の加藤氏は「宏池会（池田勇人首相を中心に結成された自民党の派閥）のプリンス」とも言われ、中曽根内閣で防衛庁長官の職にありながら、

宏池会を率いた宮沢蔵相の通貨外交を最側近としてつぶさに見てきたはずだ。そこで学んだことは「円高を是正しない限り総理・総裁への道は開けない」ということだったのではないだろうか。

そこで加藤氏は日比谷高校、東京大学の後輩であり、当時のサマーズ米財務次官とハーバード大学客員准教授時代からの友人でもあり、一時政界への転身を考えていたこともあった榊原氏に白羽の矢を立てたのではないか。その証拠に加藤政調会長は榊原金融局長誕生直後「1ドルが95〜100円にならないと日本経済は暗い感じが続く」と、具体的な相場水準に言及して遊説していた。また事前に榊原氏から聞いていたことも加藤氏本人が認めている。

おそらく当時の加藤氏と同じ思いを持って、政権奪取したのが今の安倍晋三首相だ。安倍氏は自民党総裁として12年12月の衆院選に際して「無制限緩和で為替に大きな影響を」と訴え、政権公約では「デフレ・円高からの脱却」を最優先課題と位置付け、その中で「大胆な金融緩和」を政策の一つとして掲げ勝利、首相に返り咲いたのである。

当時の介入効果について

プラザ合意以降の80年代に実施されたドル買い・円売り介入がどれほどの効果があったのかを検証することは、財務省が91年以降しか介入情報を公開していないためほとんど不可能である。しかし、日本大学教授の小巻泰之氏と竹田陽介氏が『1980年代後半期と1990年代の為替介入効果の比較分析──1980年代後半期の為替調整における公的介入：観測介入と口先介入──』（日本大学経済学部「紀要37号」07年）という興味深い共同研究を発表しているので紹介したい。

この研究のユニークな点は、使用するデータとしてリアルタイムな実績値や当時の市場コンセンサスに加えて、新聞報道ベースの介入情報と口先介入を考慮していることである。為替介入に関する観測情報については、「日本経済新聞及び日経金融新聞における外国為替の相場状況、アウトルック、外国為替に関する記事から、為替介入に関する観測記事（本論では観測介入と呼ぶ）、政

府及び中央銀行による為替市場に関する発言（本論では口先介入と呼ぶ）について抽出。観測介入については、為替市場に関するコメントをすべて抽出。ただし、日本経済新聞及び日経金融新聞に掲載された記事のみ。発言は、発言者の当局内における地位でも分類を行っている。中央政府については、首脳（大統領、首相、財務長官、財務大臣）、その他で区分、中央銀行は総裁、その他で区分している」。

分析期間を85年1月1日〜87年3月31日にすると、観測介入は226件、内ドル買い152回、ドル売り74回となっている。また、分析期間を84年9月3日〜88年4月29日としたときの介入効果についてさまざまな結果を導き出している。①観測介入の効果は認められるものの、口先介入の効果の方が有意である場合が多く、効果も持続性が高い。②観測介入は東京市場ではドル買い介入の場合有意であるものの、ドル売り介入は有意ではない。プラザ合意を含む介入は他国での市場で効果が有意である。③口先介入については、ニューヨーク市場で伝わった発言が有意である。しかも、その効果は持続性が高い。

①の結果は実弾介入がマンネリ化したためであり、特にドル安トレンドにおいては、実弾介入が市場参加者に絶好のドルの売り場を提供したことを示しているようだ。また、口先介入の効果の方が有意だったのは、米国サイドからのドルのトークダウンの影響力が大きかったからではないだろうか。②の結果はいかに日本人のドル高・円安志向が強いかを物語っている。③の結果はニューヨーク市場の規模が圧倒的に大きいことと、当局がドル／円相場をコントロールしようとしたときに、日本の当局者よりも米国の当局者の影響力が大きいことを示しているようだ。当時を振り返ると、いずれの結果も「確かにそうだった」と納得させられる。

第3章

内外大激動の時代
― ドルロング/円ショートポジションの積み上がりとその巻き戻し ―

　内外から"これでもかこれでもか"と円売り材料が出現。円安のピークを過ぎると倍返しで円高に向かったのはなぜなのか？ 今もこの間の大相場に教えられることは多い。

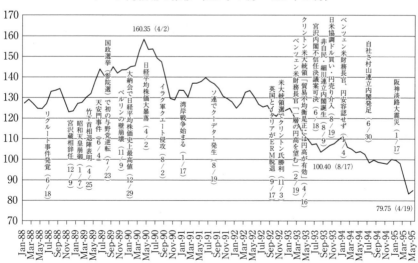

ドル/円相場の推移（88年1月～95年5月）

出所：日本銀行「時系列統計データ」より作成

無理やり上げても内外が激動しても下がるものは下がる

　本章の時間的区切りを明確に88年1月4日～95年4年19日とする。その理由は、この間外為市場のドルロング／円ショートポジションが積み上がり、その巻き戻しが歴史的なドル安・円高を齎したと考えられるからである。実際の値動きは88年1月4日に1ドル＝120.25円（当時の戦後最安値）をつけるとドル押し上げによる実弾介入で上昇反転し、90年4月2日に高値160.35円を示現した後、95年4月19日に当時の戦後最安値79.75円まで下落したのである。

　つまり、実弾介入によって上昇の起点となった120.25円を基準にして計算すると、上昇幅は40.1円で下落幅は40.5円となり、両者はほぼ同じだ。要すれば、介入効果によって上げた分がそっくりそのまま下落させるエネルギーとなったと考えられるのである。内外の政治経済情勢が大激動しても、当局が1ドル＝360円の3分の1に何か意味を持たせようとしても、実弾介入には何ら効果がなかったことの証である。

　図表3-1を参考にしていただくとお分かりのように、88年半ばから国内政治が外為市場のメインテーマになると、90年4月2日に160.35円までドルは急騰、円は急落した。88年6月に発覚したリクルート事件が次々に政界に波及し、89年1月7日の昭和天皇崩御を経て、89年4月25日に竹下首相が退陣を表明、同年7月の参院選で自民党が大敗北を喫し、これが政治改革・小選挙区制導入の動きに連なる時期である。

　リクルート事件は88年6月18日、リクルート社（江副浩正会長）が川崎市再開発事業参入に際し同市助役にリクルートコスモス未公開株を譲渡したことが判明し、これが発端となって9月5日には社民連の楢崎弥之助議員が松原宏リクルートコスモス社長室長からの贈賄行為を暴露、リクルートコスモス社の値上がり確実な未公開株がほとんど贈与に近い形で政界実力者に譲渡されていたことが発覚したものである。

　国会では特別委員会が設けられ、リクルート疑惑の本格的な追求が行われ

第3章 内外大激動の時代―ドルロング/円ショートポジションの積み上がりとその巻き戻し― *21*

図表3-1 主な出来事（88年1月4日〜95年4月19日）

88/1/4	1ドル＝120.25円（当時の戦後最安値）
88/6/18	リクルート事件発覚
88/12/9	宮沢首相、コスモ株譲渡につき3度の釈明訂正の責任を取り辞任
88/12/27	長谷川法相、リクルート社からの献金が判明し辞任
89/1/7	昭和天皇崩御
89/2/13	江副リクルート前会長逮捕
89/3/6	真藤NTT前会長逮捕
89/4/25	竹下首相退陣表明
89/5/31	公定歩合2.5%から3.25%に大幅引き上げ
89/6/4	天安門事件
89/7/23	国政選挙（参院選）で初の与野党逆転
89/10/11	公定歩合3.25%から3.75%に引き上げ
89/11/9	ベルリンの壁崩壊
89/12/3	マルタ島での米ソ首脳会談で冷戦終結
89/12/25	公定歩合3.75%から4.25%へ引き上げ
89/12/29	大納会で日経平均株価が史上最高値（ザラ場 38,957.44円、終値 38,915.87円）
90/3/20	公定歩合4.25%から5.25%に大幅引き上げ
90/4/2	本年ドル/円高値160.35円（日経平均株価は1,978円安の大暴落、ブラックマンデー以来史上2番目の下げ幅、債券も下落してトリプル安）
90/8/2	イラク軍が突然クエートに侵攻、147円台から151.60円までドル急騰
90/8/30	公定歩合5.25%から6.0%に大幅引き上げ
90/10/1	日経平均株価が一時2万円割れ
90/10/3	東西ドイツ統合
91/1/17	多国籍軍イラクを空爆、湾岸戦争始まる、138.00円から133.30円までドル急落
91/8/19	ソ連共産党の保守派クーデターが発生、ゴルバチョフソ連大統領が滞在先のクリミアの別荘に軟禁される
91/8/21	ゴルバチョフソ連大統領開放、クーデター失敗
91/11/5	宮沢政権発足
91/12/21	ソ連邦解体、独立国家共同体発足
92/8/27	金丸信自民党副総裁辞任、90年の総選挙前に東京佐川から5億円を受領した事実を認め、自民党副総裁辞任の意向を表明
92/9/17	英国とイタリアがERM離脱
92/10/14	東京佐川急便事件をめぐり金丸信元自民党副総裁が議員辞職
92/11/3	米大統領選挙でクリントン候補が現職に大差で当選
92/12/18	自民党竹下派が分裂
93/4/16	日米首脳会談でクリントン大統領「貿易不均衡是正には円高が有効」

93/6/18	宮沢内閣不信任決議案可決（自民党議員39名が賛成票を投じた）
93/7/18	衆院選で自民党過半数割れ
93/8/9	非自民、細川連立内閣誕生、いわゆる「55年体制」が崩壊
93/9/21	公定歩合2.5%から1.75%に大幅引き下げ
94/4/8	細川首相突然の辞任
94/6/21	海外市場で初めて1ドル＝100円割れ
94/6/25	羽田首相辞任
94/6/27	東京市場で初めて1ドル＝100円割れ
94/6/30	自社さ村山連立内閣発足
95/1/17	阪神淡路大震災
95/3/15	1ドル＝90円割れ
95/4/14	公定歩合1.75%から1.0%に大幅引き下げ
95/4/19	1ドル＝79.75円（当時の戦後最安値）

た。89年2月13日に江副リクルート前会長が、3月6日には真藤NTT前会長も逮捕され、続いて3月8日に加藤前労働次官、3月29日に高石前文部次官も逮捕された。政治家では88年12月9日に宮沢蔵相がコスモス株譲渡につき3度の釈明訂正の責任をとり辞任。同月27日には長谷川法相がリクルート社からの献金が判明し辞任。他にも中曽根康弘、渡辺美智雄、安倍晋太郎、宮沢喜一、竹下登、森喜朗、加藤六月、加藤紘一などに疑惑が持たれ、ついに89年4月25日竹下首相は退陣表明することとなった。

　また、国外政治面でも89年6月4日には中国で天安門事件（4月の胡耀邦元総書記の死をきっかけに、民主化を要求して天安門広場に参集していた学生・市民に対して人民解放軍が発砲、多数の死傷者を出した）が発生し、89年11月9日にはベルリンの壁が崩壊、12月3日にはマルタ島での米ソ首脳会談で冷戦が終結するという大変動が続いた。

　この間は海外情勢が大変動する中で、リクルート事件がらみで次々と政界のスキャンダルが出現すると「日本に未来はない」というムードが外為市場を支配した。つまり、ドル買い・円売りする材料はあってもドル売り・円買いする材料はまったくないという時期だったのである。筆者でさえさすがにオーバーナイト（その日のうちに決済せず、翌日まで持ち越すこと）でドルショート

／円ロングを保有する勇気は持ち合わせなかった。また不謹慎な話ではあるが、昭和天皇のご容体が急変した88年9月以降、毎日発表される体温が上がるとドル買い・円売りが強まる傾向があった。

1ドル＝160.35円の高値をつけた90年4月2日は日経平均株価も3万円の大台を割り込んで大暴落し、前日比1,978円安とブラックマンデー以来史上2番目の下げ幅だった。さらに、債券も下落して日本にとって最悪のトリプル安商状だった。近年の円安・株高とは真逆の動きではあるが、長期的に見れば、この間造成されたドルロング／円ショートポジションの巻き戻しが95年4月19日の1ドル＝79.75円という歴史的なドル安・円高を齎すのである。

為替相場そのものの変化とは別に、90年代始めには東京外為市場の取扱高が俄かに減少していったことも時代の変化を反映していた。それは91年2月に昭和のバブル経済がピークを打ち、崩壊過程に突入した影響が大きい。特に筆者の記憶に残っていることは、91年の年明けからそれまでと一変して顧客の出来高が激減したことである。バブル崩壊により日本の生命保険会社や機関投資家の含み益が大きく減少したためだ。

彼らは85年のプラザ合意以降の急激な円高によって外債投資で大きな損失を被ることになったのだが、株式市場の上昇で当時はその損失をカバーできていた。しかし、90年代に入るとバブル経済崩壊による株式市場の急落に加えて、円高となっては外債投資から手を引く以外術はなかったのだ。

当時の東京外為市場は、バブル経済崩壊によって多額の不良債権を抱え込むことになった大手銀行の行く末をも先見していた。90年代前半にはすでに複数行が大幅なスプレッド（通貨の売値と買値の差）での取引を余儀なくされていたのだ。例えば、問題のない銀行ならば1ドル＝110.00円でドルを買えるのに、彼らは110.20円でしか買えなかったのである。その差20銭はリスク料という訳だ。彼らはその数年後に破綻してしまった。

あれから30年（＝1世代）近くたった今、当時のバブル経済とその崩壊過程を知る市場参加者は極めて限られている。現状、円安・株高に沸いているうちはいいが、これが逆転した時、日本の投資家や金融機関はどう対応するのだろうか。甚だ心許ない。

織り込み済みとなった湾岸戦争

　90年代前半に為替相場を大きく動かした事件の一つとして、90年8月2日にイラク軍が突然クウェートに侵攻した日と、それに続く91年1月17日の湾岸戦争が始まった日が忘れられない。90年8月2日クウェート時間午前2時＝東京時間午前8時、突然イラク軍が戦車350台でクウェートに侵攻、首都を完全制圧して親イラク暫定政府樹立を発表した。この時東京外為市場で147円台だったドル／円相場は、事件の経過が伝わるにつれ「有事のドル買い」「石油に弱い日本」が意識されて急騰、ニューヨーク市場に入ると151.60円の高値を示現した。

　その後数カ月にわたってイラクと米国・国連の緊張が続いたが、結局事態は好転することなく、ついに91年1月17日（日本時間9時頃）、多国籍軍がイラクを空爆し湾岸戦争が始まった。この時のドル／円相場は初動として136円台から138.00円まで上昇したが、この事態を十二分に織り込んでいた市場はすでに巨額のドルロング／円ショートポジションが造成されていたため、これ以上の上昇力なく、圧倒的なポジション調整のドル売り・円買いで133.30円まで5円近くも暴落することとなった。その過程では海外からも大量のドル売り・円買いが東京市場に持ち込まれ、戻り局面のない50銭刻みの出合いを繰り返しながら一直線の暴落だった。

　一言で言えば、いわゆる「織り込み済み」「噂で買って事実で売れ」の相場展開ではある。難しいのはいつそれが判明して織り込み済みの値幅がどのくらいなのか、事前に読めないことである。筆者は一応5円幅と予想はしていたものの、内外からのドル売り・円買い注文を受けて自らを守る手段は、数十銭幅の損切りを覚悟しながら、ただひたすらドルを売り続けるしかなかった。この大相場でも、貿易・経常収支が大幅黒字の下で長期間にわたって造成されたマーケットのドルロング／円ショートポジションがいかに大きなものになるか、身をもって思い知らされた。

ソ連のクーデター

　もう一つの大相場はソ連で起きたクーデターである。国家非常事態委員会が91年8月19日午前6時半に「ゴルバチョフ大統領が健康上の理由で執務不能となりヤナーエフ副大統領が大統領職務を引き継ぐ」という声明を発表したのだった。東京時間ではお昼休みの12時半で、市場参加者も限られマーケットは薄い状況だったのである。そんなマーケットに海外からのドル買い・マルク売りが殺到、ドル／マルク相場は当日安値1.7600から1.8245まで600ポイント超暴騰した。

　筆者は当日たまたまドル／マルクを担当していたのだが、その過程では相場は25ポイント幅で上昇を続け、しかもロイタースクリーンの参考レート表示は実勢に追いつくことができず、ブローカーから聞こえてくる実際の相場水準と比べると100ポイントも低く推移するという、大荒れの相場展開だった。

　ここで筆者が取った行動は、マーケットにあるドル売り・マルク買い差し値

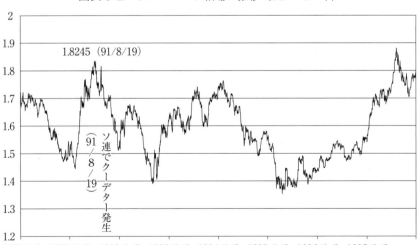

図表3-2　ドル／マルク相場の推移（90〜97年）

注文を誰よりも真っ先につぶしていったことである。こんな大事件は世界中誰一人として予想していなかったし、市場反応も予想しがたい。昼休みであっても席にいた自分こそ相場をリードしていけると腹をくくったのだ。

しかし、数日後にクーデターが失敗に終わると1ドル＝1.8245マルクが長期的なドル安・マルク高基調の起点となり、97年7月までこの高値を抜けることはなかった（図表3-2を参照）。相場に携わる者にとって、このような突発的な事件に対しては、発生直後の方向に深追いしてはならないというのが教訓である。日本においては阪神淡路大震災（95年1月17日）や東日本大震災（11年3月11日）での初動に流されていたなら、とんでもないことになっていた。

ポンドのERM離脱

英国は16年6月23日に実施した国民投票でEU（欧州連合）からの離脱を決めた。投票結果が離脱支持51.9%、残留支持48.1%という僅差だっただけに、その後の交渉を巡っては難航続きで、現在に至るまでポンド相場は乱高下を繰り返している。そこで思い出されるのが92年9月17日、英国がERM（欧州為替相場メカニズム）離脱を決めた時のことである。英国が90年に参加したERMでは、各国通貨があらかじめ決められた変動幅を超えそうな場合に、金融政策や無制限の市場介入が義務付けられていた。しかし、ポンドはその変動幅を死守できずにERM離脱を余儀なくされたのだ。

その原因を探ると、89年11月9日にベルリンの壁が崩壊し、90年10月3日に東西ドイツが再統一したことに辿り着く。再統一によりモノ不足だった旧東ドイツの人たちは西ドイツに殺到。西ドイツからの大規模な財政出動もあり、インフレ圧力を緩和するためにドイツ連銀は金利の引き上げを続け、91年1月に6.0%だった政策金利は8.75%まで達していた。0.5%幅の利下げに転じたのは、ポンドがERM離脱を決めた数日前の92年9月14日である。

一方の英国は深刻な不況下にあり、90年9月に15.0%だった政策金利は92年5月までの間に10.0%へ引き下げられた。こうして対ドイツとのファンダメ

ンタルズの格差が広がるにつれてマーケットはポンドの過大評価を強く意識、対マルクでの下限である1ポンド＝2.778マルクに近づいていった。下限突破を防ぐには利上げか介入しか手段がない。そうでなければ為替相場を再調整しポンドを切り下げるしかない。そこでラモント蔵相は8月26日の声明でポンド防衛のため「あらゆる手段を講じる」と表明し、9月3日には市中からマルク売りの介入資金を調達するというポンド防衛策も講じた。

　このような状況の中、ポンドの下限突破を狙って大規模な攻撃を仕掛けたのが後に「イングランド銀行を跪かせた男」と言われたジョージ・ソロスである。他のヘッジファンドや実需筋も彼に追随した結果、9月15日に下限の1ポンド＝2.778マルクに大接近した。それに対抗して翌9月16日、BOE（イングランド銀行）は大規模介入に合わせて政策金利を引き上げ、12.0％にすることを発表した。それでもマーケットの攻撃は止まず、わずか3時間ほど後の午後2時過ぎ、政策金利を一気に3.0％幅引き上げ15.0％とした。1日で2回の大幅利上げとは前代未聞、この攻防戦がいかに熾烈なものだったかを物語っている。なお、翌日英国が正式にERMから離脱すると政策金利は10.0％に戻された。

　当時のポンド危機では、普段のポンド取引は薄商いの東京外為市場でさえ大荒れとなり、その盛り上がりが肌で感じられるほどで、筆者もご多分に漏れず積極的にポンドショートをキープしていた。それでも、「東京でさえこんな大荒れなのだから、ポンドが下限を突破しようとするときBOEは何をしでかすか分からない」と警戒感も抱いていた。その時脳裏をかすめたのが期末日や年末日にかけてよく見られる、そして何度も経験したことのあるドルの短期金利急騰だった。

　理論的な詳細は控えるが、もしドルのショートをキープしているときに期末需要などで想定外にドルの短期金利が急騰すると、嫌でも高額のコストを支払わなければない事態に追い込まれる。そこで、ポンドショートをキープしながら、その決済日を通常の2日後ではなく、3カ月先延ばしすることにしたのだ。もしそうしていなかったら、9月16日の10.0％から15.0％への一時的な利上げによって大きな損失を被る羽目に陥っていただろう。参考までに筆者の記憶では、日銀が円の上昇を促す目的で金利操作したのは、プラザ合意から1カ月

図表 3-3　ポンド / ドル相場の推移

出所：Federal Reserve Bank of St. Louis

ほどたった 85 年 10 月 24 日に短期金利を「高目放置」したケースが、ただ 1 回あるのみと思う。

　それにしても、ポンド / ドル相場はドル / 円相場のように通貨当局によって操作されてきた訳でもないのに、EU 離脱が決定しても 85 年につけた史上最安値 1.0500 レベルを割り込むことなく推移している（図表 3-3 を参照）。そして、昔から主要国通貨の中で最も投機的と言われていることにも変わりはない。筆者にとっては 1 ポンド = 1.2800 ドルではなく 1 ドル = 1.2800 ポンドではないのかと、いつも不思議に思っている。

今でも通用しそうな「ベンツェン・シーリング」

　92 年 11 月 3 日の米大統領選で共和党現職のブッシュ大統領に勝利した民主党クリントン新大統領は、就任後早速日米貿易不均衡を是正するため日本に内需拡大を要求しながらドル安・円高に誘導した。そのとき大統領とともに口先介入したのがベンツェン財務長官である。93 年 2 月 19 日、ベンツェン長官は

講演後の質疑応答で「一層のドル安を望むか」と質問されたのに対し「一層の円高を望む」と答えた。その理由について「米国の輸出促進につながる」と語ったのである。民主党新政権の為替政策が明確になったのだ。この発言によって市場では1ドル＝120円が「ベンツェン・シーリング（ceiling、天井）」として意識されることとなった。

　追い打ちをかける形で4月16日、宮沢・クリントン初首脳会談でクリントン大統領が「貿易不均衡是正には円高が有効」と発言すると、これをきっかけにドル安・円高が進行し、8月17日には1ドル＝100円割れ寸前の100.40円まで下落した。さすがにピッチが速過ぎると日米両国が判断したのだろう、その2日後8月19日に日米協調ドル買い・円売り介入が実施されていったんは100円割れを回避した。しかし、94年1月5日に再びベンツェン長官が「日本を不況から脱出させるために円安を容認するような道は受け入れられない」と発言、当日の高値113.60円が2回目の「ベンツェン・シーリング」となったのである。

　一連の口先介入によって、マーケットは貿易不均衡が是正されない限りドル安・円高は続くと確信、「ベンツェン・シーリング」は市場参加者の間で長く記憶されることとなり、95年4月19日に当時の戦後最安値である1ドル＝79.75円に至るまでの原動力となった。

　そして、近年これと似たようなことが起きた。17年1月20日に就任したばかりのトランプ新米大統領が早々に日本の円安誘導政策を厳しく批判したのだ（1月31日）。トランプ大統領は米国の貿易赤字の要因は「他国の資金供給（money supply）と通貨切り下げだ」と指弾し、「日本は何年にもわたって（over the years）通貨安誘導を繰り広げてきた」と。

　この口先介入があったのは1ドル＝112円台後半のときであり、その後「ベンツェン・シーリング」ほどは直接的にドル安・円高基調を形成することにはならなかったが、現在に至るまで上値115.00円あたりの壁で何度も跳ね返されているのは「トランプ・シーリング」が市場参加者の間で強く意識され、機能しているからだろう。

第4章

ブルドーザー介入が外為市場を破壊

　一見すると円安誘導に成功したように見える。しかし、その手法を知れば知るほど評価することすら憚られるものだ。こうして外為市場は破壊され、アジア危機を招き、国民には1ドル＝100円以下の水準は「"超"円高」という誤った値頃感を持たせてしまった。

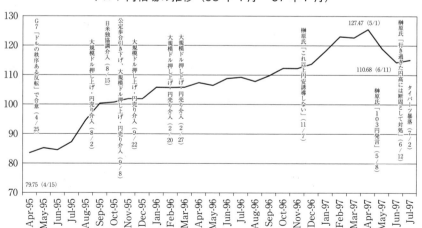

ドル/円相場の推移（95年4月～97年7月）

出所：日本銀行「時系列統計データ」より作成

君子は豹変する？

　95年6月の大蔵省幹部人事で榊原英資氏が国際金融局長に大抜擢された背景は、第2章で触れた通りである。氏はその後97年財務官に昇進したが、退任後に著した『強い円は日本の国益』（東洋経済新報社、08年）の中でこんなことを言っている。

> 「強い円は日本の国益です」と財務大臣が明確に言い切って、産業構造の大転換、投資行動の変更を強く後押しすべきなのです。為替レートがすべてを決めるわけではありませんが、為替レートに関する日本全体の考え方を変えることが、今、極めて重要になってきているのです（最後のページ）。

　ドル／円相場を80円台から100円台に円安誘導した人物とはとても思えない、円高論者への大変身だ。榊原氏によれば「朝令暮改は悪いことではない。やわらかい頭をもってスピード思考ができる君子は豹変することができる」（『榊原式スピード思考力』幻冬舎、09年）らしい。自らを君子に見立てて突然円安論者から円高論者へ宗旨替えしたのか、それとも元来は筋金入りの円高論者だったのか。いずれにしても当時は円高と円安についての深い思慮もなく、1ドル＝100円以上のドル高・円安に誘導するという強い政治の要請を受けて、大蔵官僚としての使命を全うしたのだろう。今は自分にそう言い聞かせているのかもしれない。しかし、そんなものは後の祭りだ。

　表向きは円安誘導に成功したのだから、日本政府としては、そして一般国民から見ても〝あっぱれ〟ということになったのだが、外為市場の真っただ中にいて氏の攻撃に対峙したインターバンクディーラーから見ると、榊原氏は日本経済・世界経済にとって取り返しのつかない大きな罪を犯したのだ。それを一言で理解していただくとすれば、国民に「1ドル＝100円以下の水準は〝超〟円高」という誤った値頃感を持たせ定着させてしまったことである。以後、こうした国民の円安志向、つまり「円高こそがデフレの元凶」という妄信が日本の政治・経済を支配することになり、そして世界経済をも巻き込んだ。

円安誘導のためなら手段を選ばず

　榊原氏がどのような方法で1ドル＝100円以上のドル高・円安に誘導したのかは、この際読者の皆様にはぜひ知っておいていただきたい。それは市場を破壊するとんでもない手段だったのだ。円安誘導する手法の一つである実弾介入の中で最も強力なものは「大規模ドル押し上げ・円売り介入」である。氏が「勝つ介入」とも言った介入手法について、当人の説明はこうである。

　　介入については、頻度を極端に少なくし、大量の資金でいわゆる押し上げ介入をすることが重要だった。それまでの為替介入の基本的な哲学は、市場の過度の変動をならすためのいわゆるスムージング・オペレーション（円滑化操作）だった。例えば、急に円高になってきた時、小規模に対抗して、急激な変化を防止するのが介入であるとされていた。市場が基本的に安定的なものであって、均衡点からの乖離が一時的なものであれば、この種の介入は効果があるのだろう。（中略）市場にとってサプライズになるようなイベントをつくること、市場が動いてきた時にこれを押し上げること、そして、市場が納得するまで断固として動きを止めないこと、それが、スムージング・オペレーションに代わる新しい『押し上げ介入』の原則ではないかと私には思えた。我々は、こうした考え方について、極秘に省内の関係者に説明し、準備を進めた。特に、東京証券取引所の山口光秀理事長は、この為替政策の変更と、市場のパーセプションを経常取引から資本取引に変えることの必要性について全面的にサポートしてくれた。『それはまさにおれが考えていたことだ』と、我々とほぼ同様の考え方をとうとうと語ってくれたのである（読売新聞『国際マネーの攻防 ― 榊原英資回想記』、99年9月17日）。

　株式市場で株を売買するときに「指値注文」と「成行文」という二つの方法があることはご存知と思う。「指値注文」とは買い、または売りの値段を指定する注文で、「成行注文」とは値段を指定しないで、いくらでもよいから買いたい（売りたい）という注文方法である。「押し上げ介入」とは分かりやすく説明すると、ドルを特定のレートで指値して買うのではなく、いくらでもよいから今あるレートで断続的に買い上がることである。しかもマーケットの売り

玉を根こそぎ全部買ってしまうのである。「ブルドーザー介入」とも言われた所以だ。

そして、その押し上げ介入が、いつどこでどのくらいの規模でどこまで買い上げられるのか、市場参加者が事前に知る由もなく、経済合理性がまったくないので、時々刻々のニュースなどを追いかけながら先読みして顧客にレートを提示する我々インターバンクディーラーは、それがまともにできなくなってしまったのだ。大規模ドル押し上げ・円売り介入に先立つ4月25日のG7共同声明には「ドルの秩序ある反転が望ましい」と明記されていたが、このような「無秩序な」反転は声明に反する。

「攻撃的介入」の誤りを指摘する上で、過去に東京市場で起きたある事件も参考になるだろう。日本の外国為替銀行は東京時間午前9時55分の時点での銀行間取引における最終出合いを参考に、日中のドル／円の対顧客相場を公表する仕組みになっている。この仲値決定に際して90年3月30日にとんでもないことが起きたのだ。

当時は幹事の大手邦銀7行の輪番制で仲値を決定する慣行があり（現在は各行独自に決めている）、当日の幹事行が仲値決定直前のわずか数十秒の間に1円もドルを買い上げ、仲値を当日の高値1ドル＝158.00円に決定、直後に1円もドルを下落させたのである。

当日は期末日で送金や輸入決済のためのドル買い需要が特別に大きく、外国為替銀行の立場としては顧客に対して仲値でできるだけドルを高く売りたかった。この操作に対して日銀は「顧客が市場実勢から著しくかけ離れた価格でドルを買わされるのは問題」として各行に事情を聞き、改善を促した。そして、市場の取引ルールを決める東京外国為替市場慣行委員会（現在の東京外国為替市場委員会）で仲値決定方式の問題点を話し合うこととなり、その結果輪番制は廃止され、現在のように各行独自に仲値を決めることになったという経緯がある。

この時の幹事行が行った操作は、9時55分直前にドルが上昇していく過程で、ドルを売りたいとする売り手の差し値注文を市場に出させないほどの速さでドルを買い上がる方法だった。このような手法は操作する銀行にとっても極

めて危険な方法ではあるが、仲値決定時でなくとも、財務省のドル押し上げ・円売り介入が取り沙汰されているような時期には、たびたび投機筋が介入に見せかけて市場を撹乱させるために行う常套手段である。市場慣行委員会でも問題にされたのと同じ手法による攻撃的な介入が批判、忌避されるべきことは実務に携る者の立場からすれば当然のことである。

IMF協定にも違反

経済合理性を伴わないこのような介入方法は、実はIMF（国際通貨基金）協定で禁じられている。速水日銀総裁は退任直前（03年3月7日）の記者会見でこの介入手法を厳しく戒めていた。

> IMF協定――皆さんあまりご覧になったことはないかもしれないが――の4条には、こういうことが書いてある。
> 「国際収支の効果的な調整を妨げるため又は他の加盟国に対し不公正な競争上の優位を得るために為替相場又は国際通貨制度を操作することを回避すること。」
> 私ども日本は4条国だが、4条国の義務としてこういうことがはっきり書いてある。国際収支を良くするため、あるいは輸出を伸ばすために、為替相場を自分で勝手に動かしてはいけないのであり、市場に任せるべきものであると、IMF協定にはっきり書いてある。これをあまりおっしゃる方はいないが、IMFの基本である。なぜ固定相場が維持できなかったのかということを踏まえた上で、こういう協定を作ったのだから、巨額の介入は黙ってやれるものではないし、やるべきではない。IMF協定に反するものだと思う。
> この協定をどういうふうに解釈するかだが、私は、黙ってというか、特定の相場水準を決めてやったりするようなことになると、これは固定相場を勝手に作ったようなことになるので、4条国としては認められないのではないかと思う。
> これは一般論であり、実際にお決めになるのは政府・財務省である。（中略）日々の相場の変化が大き過ぎると、確かに貿易の障害になるので、介入は、スムージングのためのオペレーションであれば――かつてはleaning against the windと言っていたが、風が吹いてくるのに対して逆らってもたれかかるくらいの介入であれば――、認めてもらえると思う。大きく水準を変えたり、相場を一方的に動かしていくことは、私は、IMF協定の4条に反するのではないかという感じをもっ

ている。それから、円のインテグリティというか、風格を保つためにも、あまり介入はしないほうが良いというのが私の意見だ。このことは、どこの中央銀行も同じであると思う。

1ドル＝90円台乗せを達成した95年8月2日の介入金額は6,757億円と、突如それまでの最高金額3,388億円の2倍に達した。この日は対外投融資促進策も発表されており、これは「パッケージ介入」とも「イベント介入」とも呼ばれた。続く8月15日、お盆の日のマーケットの薄みを突いて実施された日米独協調介入は「サプライズ介入」と呼ばれた。その後1カ月も経たない9月8日に100円台乗せを目指したときは介入金額を一気に8,576億円まで増額。同時に日銀が公定歩合を1.0％から0.5％に大幅引き下げを発表している。これも「イベント介入」である。

1ドル＝100円を突破したその瞬間、大蔵省為替資金課のディーリングルームには大きな歓声が上がったそうだ。さらに、100円台を持続させるために9月22日に5,991億円投入されている。これら以外にもお昼休み中に介入したり、電子ブローキングを利用したりと、我々はその介入テクニックにも意表を突かれた。

変動相場制の下での外為市場の売買の出合いは、時々刻々の相場材料をその時その時の相場水準に織り込んでいく作業と言えるが、"榊原介入"はドル買い・円売り材料は相場に織り込めるが、ドル売り・円買い材料は相場に織り込めなくしてしまったのである。そして、1ドル＝100円台のドル高・円安水準が定着した最大の要因は、マーケットが100円以下では必ず日本の通貨当局がドルを買い支えると確信したことであり、投機筋に100円以下でドルを売ると"皆殺しになる"という恐怖心を植え付けたことである。その結果、ドル売り・円買いすべき実需筋もそれを手控えるようになった。つまり、変動相場制の調整機能が破壊されたのだ。

実弾介入を武器にして口先介入も頻繁

　トランプ米大統領がドルについて口先介入するたびに、今でこそマスコミはこうした行為はタブーとされているとして厳しく批判している。ただし、日本については例外のようで、特に榊原氏の頻繁な口先介入は他に比べて数倍の威力があった。何しろ大規模介入の実績をバックにしているだけに、氏の言うことに従わなければ皆殺しにされてしまうからだ。そのため、当時の榊原氏は常に市場関係者とマスコミの注目を集めていた。

　最も印象的だったのは、ある日、日本フォレックス・クラブ（為替ディーラーの親睦団体）のパーティーで榊原国際金融局長がスピーチをするということで、それまでこんな光景は一度も見ることがなかったのに、マスコミ報道陣が数十人も集まっていたことだ。「そろそろ夏休みですね。ディーラーの皆さん、休暇で何処かに出掛ける時は携帯電話を忘れないように！ 一日10円くらい動くかもしれませんから」と我々の笑いを誘っていたが、本当にそうなった。

　他にも効果のあった口先介入として、96年11月7日に「これ以上円安誘導しようとは考えていない。ファンダメンタルズからすれば一本調子の円高修正は終わりつつある」と発言し、当面の1ドル＝115円以上のドル高・円安に歯止めをかけた。榊原氏の口先介入でもっと有名なのは、97年5月8日の「103円発言」である。さすがに当時でも通貨当局者が具体的水準に言及することはタブーと見なされていたから、その効果は格別だった。しかも舞台が参院大蔵委員会という公の場でのことである。

　「過去10年間の為替レートの変動の平均をとりますと、一年間に大体23円変動しております。今年の円の最安値が127円50銭ぐらいまで行っていますから、23円ということでありますと、過去の例からいいますと、103円までは円高になる可能性があるということでございます」と語ったのである。

　すると、それまで「過度な円安を懸念」「最近の円安の動きは明らかに急激過ぎる」「日本経済は市場の考えているよりも強い」「介入する時には必ず勝

つ」と再三再四警告を発していた中で127円台まで進んでいたドル高・円安基調は、これをきっかけにドル安・円高基調に転換し、6月11日には110.68円へと約1カ月で15円近くのドル下落・円上昇となった。

ついでに付け加えると、翌日6月12日に「昨日、橋本龍太郎首相から行き過ぎた円高に対しては適宜適切に対処するよう指示を受けた。行き過ぎた動きには断固として対処する」と発言して110円割れ阻止に成功。これを起点として1年余りドル高・円安基調が続き、98年8月11日に147.64円を示現して「日本売り」のピークを迎えるのである。

インサイダーまがいの行為も

榊原氏は国際金融局長への就任当初から「市場参加者を味方につける必要がある」と公言してきた。例えば「介入を成功させるには、有力な市場参加者を味方につける必要がある。ヘッジファンドと意見交換しているのもこのためだ。彼らと毎日話すことで、市場に間接的に影響を与えられるのではないか」と明確に語っている（日経金融新聞、96年8月20日）。「有力な市場参加者を味方につける」とは、意見交換している相手方にとっても当局の手の内を見極める貴重な情報源になり得る。

榊原氏は国際金融局長就任以降、日本の大手都銀や外資系銀行の幹部5名程度を集め、為替相場に関する意見交換を行っていた。そして95年9月11日の会合で榊原氏は「ドル高・円安の動きはこんな程度ではない」と発言している。これを聞いた「有力な市場参加者」がその後どのような投資行動を取ったかは容易に想像がつく。当日は1ド＝100円台乗せを達成した3日後であり、これが定着するか微妙な時期だった。それだけに、この会合はインサイダー取引に限りなく近い。実際その後一時100円割れを見た9月22日に榊原氏は大規模介入を実施しているのだ。

さらにこれに酷似したケースとして、97年6月12日の東京市場におけるドル急騰・円急落はまったく不自然な動きだった。早朝に111円台で推移していたドル／円相場がお昼休み前に113円台に急騰し、「昼休み中に榊原氏が何

か為替についてコメントするのではないか」「何行かの大手都銀が大量にドル買い・円売りに動いている」というような噂が市場に飛び交っていた。

そしてなんと、実際お昼の12時過ぎに榊原発言が突然飛び出すのである。「行き過ぎた為替の動きには断固として対処する。橋本首相、行き過ぎた為替の動きに適切に対処するよう大蔵省に指示。日本の貿易黒字が大幅に増加するとは思わない」と。この発言を受けてドル／円相場は115.80円まで、目の前で実に4円以上も急騰することとなった。これは国際金融情報センター（理事長・大場智満元大蔵財務官）主催のセミナーで、大蔵省が一部通信電に対し「榊原発言が出る」と根回ししたとされている。中立的な立場から客観的に状況を観察すれば、このケースもほとんどインサイダー取引と言っていい。

こうしたインサイダー取引まがいの相場操縦は国会の場でも追及されていた。榊原氏は97年4月22日に衆院大蔵委員会の席で野党から「特定の市場関係者を味方につけるやり方には問題がある」と指摘され、さらに「外為自由化後、有事の際にはどのように資金の流れを把握するのか」と質問されると「私ども、実は、例えば外為市場の動向という観点では常に行っているが、市場に対するヒアリングということで、非常にインフォーマルに市場関係者との情報交換のようなものを行っている」と答えたのである。それに対して野党議員は「インフォーマルに市場関係者との情報交換…」という発言を問題視したのだ。その後インサイダーまがいの行為が自粛されたのか筆者には分からないが、円相場がそんなもので左右されてきたことは何とも悲しいことである。

アジア通貨危機の原因となった円安誘導

このような円安誘導は、近隣アジア諸国に悪影響を及ぼした。それが97年のアジア通貨危機だったのである。アジア通貨危機は97年7月2日にタイバーツが暴落したことから始まり、インドネシア、マレーシア、韓国などアジア諸国へと波及したものである（図表4-1を参照）。これら諸国はドルと自国通貨の為替相場を固定する「ドルペッグ制」を採用していたため、ドル高・円安によって過大評価されてしまった。そこを国際的なヘッジファンドが狙い撃ちし

図表 4-1　アジア通貨危機を巡る主な出来事（97 年）

5/14	アジア 4 カ国・地域の中銀によるタイバーツ買い介入
7/2	タイ、変動相場制に移行
7/11	フィリピン、通貨ペソ為替取引幅拡大　インドネシア、投機防止策発表
7/26	マレーシアのマハティール首相、ジョージ・ソロス氏を批判
7/28	タイ、IMF への融資要請方針決定
8/14	インドネシア、完全変動相場制に移行
10/23	香港ドル防衛のために利上げしたことで香港株が暴落
10/31	IMF、インドネシアに金融支援決定
11/21	韓国、IMF に支援要請
12/3	韓国、IMF との融資交渉合意

たのだ。

　85 年のプラザ合意以降の円高で、日本の輸出企業は長期的な戦略に基づき、採算性や生産コスト、集中豪雨的な日本からの輸出増加に対する他国からの批判などを考慮し、最適地生産の動きを拡大させてきた。それがアジアの生産性を高め、雇用の拡大を通じて「アジアの奇跡」とも呼ばれる急成長の原動力となった。それが日本の通貨当局による急激な円安によって、アジアでの現地生産の流れが寸断されてしまったのだ。その結果、採算を考慮した日本企業は相次いでアジアから撤退し、それがアジア通貨危機の一因になったとも言われている。

　また、サンフランシスコ連銀が纏めたアジア通貨危機に関するレポートによれば、「国内政策の失敗というより、外的な要因によって危機は起きた」として、例えば、通貨危機の引き金となったタイの変動相場制への移行（97 年 7 月 2 日）は、「人民元の切り下げや円安の進行がきっかけになった」と分析していた（日本経済新聞、98 年 1 月 11 日）。

　さらに、98 年 4 月 23 日付の日本経済新聞でも、似たような主旨の報道があった。米国の議会調査局がアジアの通貨危機に関する報告書をまとめ、それによると、「円高に苦しんでいた日本が輸出主導で景気回復をはかるため、95 年後半から円安ドル高への誘導を実施したことがアジア通貨の混乱につながっ

たとの見解を表明した」とされている。続けて、「日本の経済不振の長期化がアジアの輸出低下と国際収支の悪化を招いている」と述べ、「アジア通貨危機の発生とその深刻化をめぐり『日本責任論』を展開している」と付け加えていた。

「過度の変動防止に効果」は幼稚 ── 分析対象の資格なし

　このような大規模介入の効果についてはどう評価されるべきなのだろうか。元副財務官で当時一橋大学教授だった伊藤隆敏氏は、過去10年間（1991年4月〜2001年3月）の市場介入実績を分析、「過度の変動防止に効果」があったとして、「シカゴ大学のミルトン・フリードマン名誉教授の論法に従えば、利益を出すような投機者は相場の安定化に寄与していたわけで、90年代の日本の通貨当局は円ドルレートの過度の振れを防いでいたといえる」（「円ドルの市場介入　過度の変動防止に効果」日本経済新聞『経済教室』、01年8月2日）と結論付けた。大量にドルを買い上がった結果ドルが上昇したのだから、利益が出たのはその通りだ。

　しかし、利益が出たからと言って「過度の振れを防いでいた」と結論付けるのは幼稚極まりない。介入の内実は、当局が自らの手で市場を独占してドルを釣り上げ、そこで利食いの売りに回ったに過ぎない。つまり、投機による相場操縦同然である。「核爆弾を何発も投下して戦争に勝った。勝ったのだからそれは成功だ」と言うに等しい。また、市場に携わる者の倫理にも反したインサイダーまがいの行為とともに、IMF協定に違反して日本が国際社会の信用を貶めた「勝つ介入」「ブルドーザー介入」「攻撃的な介入」「サプライズ介入」は、そもそも金銭的な損得を分析対象とする資格を持ち得ない。

第5章

1ドル＝100円を死守して円キャリートレードの時代へ

　海外に流出したお金が国内に戻り強烈な円高になると、榊原財務官は大規模介入失敗の責任を日銀に転嫁した。巨額実弾介入を繰り返した三代財務官によって財務省は世界最大の円キャリートレーダーとなり、円安バブルを生成した。

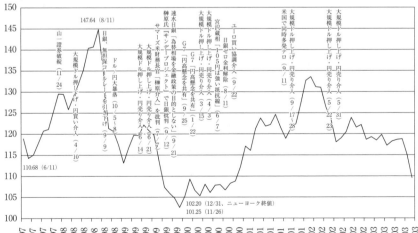

ドル／円相場の推移（97年6月〜03年10月）

出所：日本銀行「時系列統計データ」より作成

「日本売り」のあとドル大暴落・円大暴騰

　バブル経済がピークを打ったのが91年2月。その崩壊は年を追うごとに深刻さを増し、97〜98年には金融危機を迎えることとなった。特に97年4月には生命保険会社として戦後初めて日産生命保険が破綻し、11月には三洋証券、北海道拓殖銀行、山一証券など大手金融機関の破綻が相次いだ。さらに98年6月には日経平均株価が1万5,000円を割り込み、7月には参院選で自民党が惨敗、米格付け会社が格下げ方向で見直すなど、長期にわたって円売り材料には事欠かなかった。

　こうして「日本売り」が外為市場の最大テーマになると、ドル／円相場は98年8月11日に147.64円に達するほどのドル暴騰・円暴落となった。特に98年9月9日に日銀が無担保コール・レート翌日物を0.25％へ引き下げた日は、1ドル＝131円レベルからニューヨーク市場で138円台まで瞬く間にドルが急騰・円が急落し、いかにマーケットの円売りムードが強かったか思い知らされた。

　しかし、マーケットのムードだけでは維持できないドル高・円安水準というものがあるのだ。98年10月5日から10月8日までのドル大暴落・円大暴騰は、ドル／円については筆者の経験の中で最もスケールの大きなものだった。しかも何らの為替政策変更もなくきわめて短期間に、突然発生した変動相場制始まって以来の出来事だ。特に10月8日には一日で1ドル＝123.50円から111.45円まで大暴落、週初10月5日の136.10円からはたったの4日間で実に25円の大暴落となったのである。そして、その値動きは一直線という訳ではなく数円幅での上下動を繰り返しながらだったから、特にインターバンクディーラーにとっては本当にタチが悪かった。

　ドル／円相場の値動きについて「上げはゆっくりで下げは急」というのは昔からよく言われていることで、これはまさにその典型的なパターンである。この大変動のきっかけは、ロシアなど新興国市場への投資で失敗したヘッジファンドがその損失を埋め合わせるために、「日本売り」を材料に金利差目当てで

積み上げてきたドルロング／円ショートポジションを解消しようと、まとまった金額でドル売り・円買いに回ったことだった。国内の大手機関投資家なども追随せざるを得なかった。

　余談ではあるが、一般的な現象として相場はどうして上げより下げのほうが速くなるのか。筆者がその質問を受けたときは決まって「それは万有引力のため」と、相当真面目に答えている。筆者が為替ディーラーになりたての頃、上司は「ディーリングとは恐怖心との戦いである」と教えてくれた。相場に携わっている者は読みが当たって勝っている時はほとんど恐怖心など湧かないものだが、負けが込んでくると恐怖心が優って立ちすくんでしまうことすらある。その恐怖心にどう立ち向かうかがその後の命運を決定づけるのだ。ここで損切りするのか戻りを待つのかという判断である。

　エレベーターに乗ると上がるときより下がるときの方が怖い。それは死の恐怖すら感じさせることがある。登山でも山を下りるときのほうが疲れるという人が多いそうだ。高所恐怖症に襲われることはよくあるが、下から高いものを見上げるのが怖いという低所恐怖症はほとんど意識することがない。要するに下げに対して恐怖心が強くなるのは個性の問題ではなく、人間の本性なのだ。だから上げ相場よりも下げ相場では恐怖心に耐えられない人が多くなり、損切りが損切りを呼んで下げのピッチが速くなるのである。

　話を戻して、ここでの教訓は、海外の高金利を目指して流出したお金は遅かれ早かれいずれ日本国内に戻ってくるということである。そして、暴落幅が25円であったということは、95〜96年に大規模ドル押し上げ・円売り介入が行われた1ドル＝80円から105円ほどまでの上昇幅25円と完全に一致することは興味深い。つまり、大規模ドル押し上げ・円売り介入によってドル売り・円買い材料を市場に織り込ませなかったツケなのだ。

大規模ドル押し上げ・円売り介入が失敗すると日銀に責任転嫁

　こんな大暴落を経てドル／円相場は99年末12月31日まで100円近くに収斂していくのだが、それまでの半年ほどの間、大蔵省は大規模介入の失敗の責任を日銀に転嫁するという、筆者に言わせれば卑劣な手段で100円割れを阻止した。そもそもの発端は99年6月10日に1～3月期のGDPが発表され、年率換算で7.9％増加という市場予想を遥かに上回る驚異的な数字となったことだった。予想外の良い成長率に当然のことながら市場はドル売り・円買いを強め、ドル／円相場は119円台から117円台まで急落した。

　ところが、この水準から榊原財務官は突然ドル押し上げ・円売り介入に出動、119円台までドルを買い上がった。さらにその数日後にも120円台までドルを買い上がった。榊原氏は「景気回復を確実にするため、時期尚早な円高は阻止する」と発言。「やるからには必ず勝つ」と見得を切った。

　しかし、その後も続いた介入真っ最中の7月7日にサマーズ米財務長官から「日本にとって重要なのは通貨を操作することではなく、内需主導の成長でファンダメンタルズを強化することだ」「通貨の操作は（経済の）長期的繁栄にはつながらない」と批判される事態に。これに対して榊原財務官は「市場を操作したことは一度もない。市場との対話が大事だと思っている」と詭弁を弄した。"詭弁"という理由は、「勝つ介入」それ自体が市場との「対話」ではなく、「対決」を意味しているからである。

　さらに、7月中旬に来日し大蔵省を訪れたガイトナー米財務次官は、「なぜ榊原氏を止められなかったのか」と激しい口調で大蔵省の介入姿勢を非難した（日経金融新聞、7月22日）。また、「『介入をしても効きませんよ』『いいからやれ』。6、7月に円売り介入を繰り返した榊原氏は、周囲の声に聞く耳を持たなかった」と当時の介入の内幕が暴露された（日経金融新聞、8月25日）。米国の制止さえ振り切るとは、筆者は榊原氏の不純な動機を勘ぐってしまう。

　それからしばらくしてドル／円相場が105円割れに近づき、大規模介入の失敗が誰の目にも明らかになると、榊原氏はその責任を日銀に転嫁するという

とんでもない暴挙に出るのである。9月12日に榊原氏がテレビ朝日の『サンデープロジェクト』に出演、突然「最近の急激な円高は6～7月の介入を日銀幹部が批判したためだ。これによって外為市場は、為替政策について大蔵省と日銀の間に対立があり介入できないだろうと見ている」と日銀批判を始めたのだ。この榊原発言を素直に受け止めた外為市場はドル売り・円買いを急ぎ、9月14日の東京市場で再びドル買い・円売り介入が実施されたにもかかわらず、翌日には103円台まで急落した。

それに対して速水日銀総裁がすかさず反論したことは言うまでもない。しかし、政府として1ドル＝100円割れは絶対阻止するという使命を最優先させたのだろう、小渕恵三首相、宮沢蔵相はじめマスコミも榊原氏に同調して、金融緩和の圧力を強めた。例えば、新聞報道の見出しは「量的緩和、日銀に圧力」とか「金融緩和論一段と、日銀なお消極姿勢」「円高是正へ日銀包囲網」等々で、宮沢蔵相も「米国側から金融緩和要求が来ていると黒田財務官から聞いた。谷垣大蔵政務次官は急激な円高への懸念を日銀政策決定会合で表明するだろう」（9月21日）といった具合だったのだ。

しかし、速水日銀総裁は宮沢蔵相の発言内容を明確に否定した。そして注目された9月21日の日銀決定会合では現状維持を決定し、異例とも言える「当面の金融政策運営に関する考え方」という文書も発表して「日銀は為替相場そのものを金融政策の目的とはしていない」と明記した。

一方、9月25日のG7では「円高懸念を共有」したが、その条件として米国が日銀の追加金融緩和を要求しているという見方がマーケットではいっそう広まった。小渕首相からは「財政と金融の分離ということで日銀の独立性を高める努力をしてきたが、あまり独立独歩となってはいかんと言われている。日銀を批判するものではないが、総裁も私が任命したわけでもない」（9月27日）と、あからさまに日銀の独立性を脅かす発言まで飛び出した。

こうした経緯について、榊原氏の『サンデープロジェクト』出演から約2ヵ月を経過して、日銀の元理事でもある自由党の鈴木淑夫議員が真相を語ってくれた。11月11日の産経新聞は「日銀への量的緩和圧力『火付け役は榊原氏』、鈴木元日銀理事が批判」として次のように報じた。

「日銀に量的緩和を求める論争に火を付けたのは、前大蔵財務官の榊原英資氏だ」――。元日銀理事で自由党の鈴木淑夫氏は10日の衆院大蔵委員会で、9月末の先進7カ国蔵相・中央銀行総裁会議（G7）を前に、日銀に「量的金融緩和」を求める圧力が高まったことに触れ、その「火付け役」として榊原氏を厳しく批判した。鈴木氏は速水優日銀総裁への質問の中で、「米通貨当局が量的金融緩和を求めて日銀に圧力をかけたといわれているが、米当局の友人たちは『圧力をかけた事実はない』と言っていた」と指摘。大蔵省を退いた榊原氏がテレビ番組などで日銀批判を展開し、政府と日銀の対立を演出したとし、「（大蔵省を）辞めたとはいえ、ああいうことを言うのは先進国では考えられない」と、「ミスター円」の行動にクギを刺した。

つまり、米国から追加金融緩和要請がなかったということは、大規模介入の失敗の責任を日銀に転嫁するために、榊原氏が米国の威を借りてすべてを仕組んだ自作自演だったのである。1ドル＝100円割れとは、そこまでして阻止しなければならない日本経済にとっての生命線とは決して思えないが、ここから本格的に始まる円安誘導が「円安バブル」と化し、グローバルな不均衡を造成することになろうとは、当時の榊原氏も政府も想像さえできなかった。

「2000年問題」を無事通過して本格的な円安誘導へ

「2000年問題」とは1999年の大晦日を超えて新年元日を迎えるその瞬間、コンピューターが2000年を00年＝1900年と認識してしまい、世界中が大混乱に陥る可能性だった。そのリスクに備えるため、投機筋は言うまでもなく輸出入業者や投資家などすべての市場参加者は12月31日のニューヨーク市場終了めがけて、段々と適度なポジションに近づけていったはずである。したがって、その終値1ドル＝102.20円は「（変動相場制移行後初めて出現した）その時点における均衡相場」だったのだが、結果は懸念された大混乱もなく「2000年問題」を通過すると、日本の通貨当局は1ドル＝100円割れ阻止の姿勢を益々強くしていくのだった。

99年12月24日のクリスマスに3,704億円、00年1月4日には5,753億円、

3月8日には1,501億円、3月15日には8,468億円、4月3日には1兆3,854億円と、いずれも100円割れを阻止する目的でドル買い・円売り介入が実施された。宮沢蔵相は99年末の仕事納めの際に国際金融局に対して「1ドル＝100円が危うくなったら遠慮なく介入するように」と指示しており、これが忠実に実行された形だ。

東京で開催された00年1月22日のG7声明では「円高懸念を共有」を盛り込んだ。さらに、6月7日には宮沢蔵相が「1ドル＝105円は強い抵抗線」と発言し、7月4日の日銀短観発表直前には発表直後の介入を示唆したことで、日銀が8月11日にゼロ金利政策を解除しても1ドル＝100円を割り込むことはなかった。

こうした大蔵省の徹底した介入姿勢は学者やエコノミストによる理論的なアドバイスもあってのことだった。青山学院大学教授で大蔵省外国為替審議会会長でもあった小宮隆太郎氏は「ドル売りは外貨準備の手持ちが底をつくとできなくなる。ドル買いは、マネーサプライが増えて、インフレの恐れが出れば中止せざるを得ない。今は、その心配はない。当局がもし円高が行き過ぎ、と判断したら、他国が協調介入しなくとも、徹底的に介入すればいい」（朝日新聞、99年11月3日）としていた。

また、金森久雄氏は「円高阻止は米国の協調がなくても可能である。日銀が円でドルをいくらでも買えばいいのだ」（筆者注：「日銀」は誤りで、介入は日銀ではなく大蔵省が決断・実施する）と言い、吉冨勝氏も「1ドル＝105円を守るような介入を単独でも徹底的にやるべきです」と主張していたのだ（いずれも日本経済新聞、99年12月12日）。彼らは机上の空論ばかりで「榊原介入」の実態も知らなければ、外国為替相場が相手のある事柄だということさえも知らなかったようである。

マーケットが「大蔵省は1ドル＝100円を絶対に割らせない」と確信したことで、超長期のドル買い輸入予約も活発化した。日米金利差があるため数年先では1ドル＝100円以下で安くドルが買えたからだ。もう一つドル／円相場を支えた要因は00年9月22日のユーロ買い協調介入だった。日本がユーロ買い・円売り介入を実施したことをきっかけとして、マーケットの円キャ

リートレード（超低金利で借りた円を売って、ドルなど金利の高い通貨を買い、投資して運用する取引）が拡大し始めたことである。

こうして1ドル＝105円が強いサポートとなってドルが反転・上昇すると、01年4月26日から始まる小泉純一郎政権では再び「9.11」直後の実弾介入へと、本格的な円安誘導政策に舵を切るのである。

財務省が世界最大の円キャリートレーダーへ

01年9月11日に米国で同時多発テロが発生してドルが121.80円レベルから急落すると、財務省は9月17日から大規模ドル買い・円売り介入に出動、28日まで7日間実施した。筆者はテロ当日、時々刻々変化する様子をテレビで確認しながら銀行間取引に携わっていたが、状況が悪化していく過程でも相場の出合い方が98年10月のドル暴落に比べたら遥かにスムーズなものだった。そのことは鮮明に記憶している。市場機能は正常に働いていたのだから、日本が実弾介入する大義名分はない。それを裏付けるように日本以外の主要国は介入に出動しなかった。

こうしていつの間にかドル買い・円売り介入のレベルは105円から120円近くへと底上げされてしまったのだ。02年5月22日と23日の介入では124円台でも実施したと思われる。結局、01年9月17日〜04年3月16日まで実施されたドル買い・円売り介入は日数にして143日、金額にして42兆2157億円にも上った。これで財務省が世界最大の円キャリートレーダーとなったのは間違いない。

この時期に介入の指揮を執ったのが黒田東彦財務官と溝口善兵衛財務官で、在任期間はそれぞれ99年7月8日〜03年1月14日、03年1月14日〜04年7月2日である。「9.11」後の01年9月17日からのドル買い・円売り介入分では黒田財務官が日数で14日、金額にして7兆1,379億円、溝口財務官が日数で129日、金額にして35兆778億円にも達した。特に溝口財務官はこのドル買い（・円売り）金額の大きさ故に「ミスタードル」とあだ名されたが、何のためにこれほど頻繁に巨額介入を実施したのか、狂気の沙汰としか言いよ

うがない。

　現場として苦労したことは、介入頻度があまりにも多かったため、それが途絶えたときの隙を突いてドルを売り込むプレーヤーがいて、一瞬ドルが数十銭急落する"ヒゲ"が発生し、顧客の買い差し値注文を執行できなくなるケースがたびたび起きたことである。当人も何か後ろめたい気持ちもあったからに違いない、すぐにはマーケットにバレないようにする「隠密介入」「覆面介入」などと言われるような手法も使っていた。

　噂では、出した注文を引っ込めてしまう「見せ玉介入」というのもあったようだ。金融市場でこの取引をすると法律で罰せられることがある。例えば、三菱UFJモルガンスタンレー証券が「見せ玉」という手口で国債相場を操縦したとして、証券取引等監視委員会は18年6月29日、同社に課徴金2億円余りの納付を命じるよう金融庁に勧告した。03年3月10日の4億円、11月21日の1億円などという介入金額は、「見せ玉介入」だったことの証拠ではないか。

　こんな陰湿な手法を使ってまでも円安誘導した理由を溝口財務官は「デフレをさらに深刻化させかねないドル安・円高の投機を抑制するために、必要かつやむを得ざる対応であった」(須田慎一郎『財務官――その権力と正体』祥伝社、05年)と弁明している。また、小泉首相も「日本経済がこれだけ悪い状況なのに円の価値が上昇するのは、かつてなかったことだ」(03年5月23日)と述べていた。しかし、こうした自国の事情しか念頭にない"自分だけ"の姿勢は、相手のある為替相場に対応するには不適切である。相手国すなわち米国にとどまらない、円キャリートレードを通してその対象国に対しても強い影響を与えるからである。

小泉首相に円安誘導を許してしまったブッシュ大統領

　この頃の日米関係を確認すると、注目すべきは「小泉・ブッシュ会談」と「溝口財務官とテイラー米財務次官、そしてユーログループを代表する経済財政委員会のカイオ・コッホ＝ヴェーザー委員長の3者会談(G3)」である。

小泉首相の在任期間中（01年4月26日〜06年9月26日）、ブッシュ米大統領との日米首脳会談は13回行われており、そのうち為替＝ドル／円相場について話し合われたのは、筆者が報道で知る限り3回あった。すなわち、03年5月23日と10月17日、04年11月20日である。いずれの会談でもブッシュ大統領は「強いドル政策支持」を言明したが、03年の2回の会談ではブッシュ大統領は「通貨価値は市場が決める」とも述べていた。03年5月の会談では「日本経済がこれだけ悪い状況なのに円の価値が上昇するのは、かつてなかったことだ」と、首相の方から議論を切り出したと報じられている。03年の2回の会談は、大規模ドル買い・円売り介入の真っ最中だったから、米国からのお墨付きを貰う意図があったに違いない。

　「日本の為替介入に対するわれわれの政策は、量的緩和を支援するというアメリカの取り組みの一環だった。アメリカとしては介入に強い反対を申し入れるのではなく、事実上容認し、日本が容易に通貨供給量を増やせるようにした」──ジョン・B・テイラー元米財務次官は『テロマネーを封鎖せよ　米国の国際金融戦略の内幕を描く』（日経BP社、07年、366ページ）の中で、こう述べている。

　そして、最初の「溝口・テイラー・コッホ＝ヴェーザー会談」は03年7月9日に行われ、席上、溝口財務官は、「（介入は）一定水準に維持しようとしているというよりも、ドルに対する価値が予想外の大幅な変動をするのを防止しようとしているだけだ」と弁明している（同著、371ページ）。その後「9月9日にパリで開かれた次回のG3では、わたしは溝口財務官に直ちに大規模介入をやめるべき別の理由を説明した」（同著、372ページ）として、介入政策からの脱却について協議が始まった。「それから数カ月間わたしたちは、日本と介入政策からの脱却をめぐって協議を続けた。そして04年2月の初旬には日本は介入政策に終止符を打つことを決め、溝口はアラブ首長国連邦に滞在中のわたしに電話連絡しそのニュースを伝えた」（同著、374ページ）。

　しかし、溝口財務官は言行不一致。何やかんやと言い訳をしては引き伸ばし、その後1カ月間も介入を続けた。そのため、テイラー財務次官に抗議されている。結局、最後の介入実施日は04年3月16日となり、小泉首相在任中

だけで円売り介入総額は42兆円にも達したのだ。これだけ巨額なドル買い・円売り介入を「為替操作」と言わないで、何を「操作」と言うのだろう。米財務省が半年に一度公表する「為替報告書」では、それまで一度たりとも日本が「為替操作国」と認定されることはなかった。この事実は、日本サイドが主導したのだとしても米国サイドにも介入を"良し"とするある種の合意が成立していたことを意味している。その意味で、グローバルな不均衡拡大について、日本の巨額ドル買い介入に手を貸した米国にも相応の責任があるのだ。

　当時のドル買い・円売り介入は米国の金融市場への影響も少なからずあったと考えられる。米FRBは04年6月30日に利上げを始めたが、それが長期金利の上昇をもたらさなかった。この不思議な現象をグリーンスパン議長は「謎」と表現した。その「謎」について、著書『波乱の時代　下』（日本経済新聞出版社、07年）で「第20章「謎」」として1章を割いているが、日本のドル買い介入と超低金利によって齎された米国債購入には一切言及せず、無視している。大規模介入の時期と完全には一致ないものの、また、文字通り「謎」として他の要因があるとしても、日本による米国債購入が尋常ではないだけに、あるべき米長期金利の絶対水準をそれなりに引き下げるよう作用したことは否定できないのではないか。野口悠紀雄早稲田大学大学院ファイナンス研究科教授もグリーンスパンの「謎」について、同様の見方をしている（『円安バブル崩壊』ダイヤモンド社、08年、14ページ）。

第6章

リーマン・ショックの根因となった円安誘導

　三國氏の予言は的中、円安バブルが崩壊してリーマン・ショックへ。円安が是正されると世界同時株安になることが確認された。

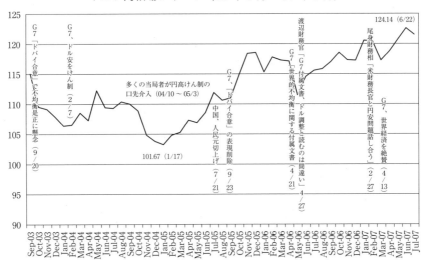

ドル/円相場チャート（03年9月〜07年7月）

出所：日本銀行「時系列統計データ」より作成

G7の円安誘導批判にも日本は馬耳東風

　G7（先進7カ国財務相・中央銀行総裁会議）がグローバルな不均衡に対して初めて懸念を示したのは、03年9月20日の「ドバイ合意」（アラブ首長国連邦のドバイで開催されたため、こう言う）だった。その声明文は「国際金融システムで市場原理に基づいて円滑で広範な調整を進めるため、主要国・地域にとって為替相場のさらなる柔軟性が望ましい」と謳った。「為替相場のさらなる柔軟性」が求められたのは、中国人民元は当然のこととして、中国以外のG7の7カ国の中では当時大規模ドル買い・円売り介入を続けていた日本を念頭に置いていることは明らかだった。なぜなら、日本以外の主要国の当局者は「ドバイ合意」前後に図表6-1で示したような発言をしていたからである。

　主要国からのこうした円安誘導批判発言もあり、声明は日本のドル買い・円売り介入をけん制した「第2のプラザ合意か！？」とまで言われたものである。しかし、図表6-1の後半で確認できるように、日本の通貨当局はG7声明など馬耳東風といった態度だったのだ。

　つまり、G7の後でも日本の介入姿勢はまったく変えないと言っているのである。ここでもう一度G7声明を確認すると、「市場原理に基づいて調整を進める」としている。この「調整」という意味は、不均衡があるからこそ「調整」が必要だと言っているのであり、特に米国の経常赤字が念頭にある。G7の中では日米間の不均衡が最も顕著なのだが、その当事者である日本は「これからもドル買い・円売り介入をして不均衡の調整を進めることには協力しない」と主張したのだ。このように日本はG7の中で孤立化の道を選択して、グローバルな不均衡拡大を手助けしたのである。

　その後、04年2月7日のG7では「為替相場の過度の変動や無秩序な動きは望ましくない」との文言が追加されてドル安をけん制。05年7月21日に中国が人民元を切り上げると、9月23日のG7では「ドバイ合意」の表現が削除されてしまった。G7で再び不均衡是正がテーマにされたのが06年4月21日、「特に中国の為替レートの一層の柔軟性が、必要な調整が進むためには望まし

図表 6-1 「ドバイ合意」前後の海外と日本当局者の発言

9/1	スノー米財務長官	為替がフレキシブルでないことで米製造業が不利になってはいけない
9/5	スノー米財務長官	世界の金融システムのために変動相場と最低限の介入が最善。どこの国も繁栄のために通貨を切り下げることはできない
9/13	ドイセンベルグECB（欧州中央銀行）総裁	（アジア各国の通貨政策に関して）問題は中国にとどまるものではない
9/18	マンリー・カナダ財務相	G7のすべてが米国の経常赤字拡大を懸念している。これは無秩序な調整を経ることなく、秩序ある方法で調整される必要がある。こうした調整の一部がカナダドル、豪ドル、ユーロで行われているが、円は介入の影響から調整されていない。我々は日本をアジア経済の枠組みの中ではとらえていない
9/22	マンリー・カナダ財務相	日本の為替政策、より柔軟性が必要
9/23	スノー米財務長官	いかなる国でも輸出のみに経済成長を頼ることはできない
9/24	ボドマン米商務副長官	G7声明、日本と中国へのメッセージと見るべき

9/22	溝口財務官	G7を受け、為替介入をやりにくくなるということはない。G7の基本的考え方は変わっておらず、我々の為替の方針も変わらない。乱高下する場合、いつでも必要なときに必要な措置取る
9/24	福田官房長官	ここ数日間の動きは激しい。円高には断固とした措置を取る
9/24	谷垣財務相	日本の為替政策はまったく変わっていない。適宜適切な措置＝為替介入は国際的に認められている
9/26	福井日銀総裁	G7声明文、日本にあてつけるような表現ではない
9/26	渡辺国際局長	必要な時に必要な行動とるのは変わらない。ファンダメンタルズと比べまだ円高だ。G7では介入規模に言及はなかった。G7の為替に関する声明、特定国の意図を反映したものでない。介入はサプライズであり信頼である。G7声明、市場は読み間違えて動いた

い」とした。同時に「世界的不均衡に関する付属文書」も発表した。その内容は「世界的不均衡解決の為の行動は各国共同の責任。米国は、財政健全化、貯蓄率向上等、欧州は更なる構造改革、日本は更なる構造改革を進め、財政健全化や長期的成長を促すことにコミット。また、新興アジア諸国、石油輸出国等も重要な役割を担う」というものだった。

この間、つまり03年9月20日の「ドバイ合意」から06年4月21日まで、G7は日本の大規模ドル買い・円売り介入を阻止することもせず（介入は04年3月16日まで）、2年半も不均衡拡大を放置したのだ。具体的な発言内容を取

り上げることはしないが、特に04年10月から05年3月頃に1ドル＝100円割れを窺うドル安・円高局面では（05年1月17日に101.67円を示現）、多くの日本当局者が毎日のように口先介入していた。そして、その後も不均衡は拡大の一途を辿り、中国側にも目立った進展がなかったため、G7は世界の不均衡はもはや維持不可能と判断、もう一度06年4月21日に"ドバイ精神"が復活した、ということになる。

世界同時株安に恐れをなしたG7

06年ほど日本以外の当局が不均衡拡大を強く懸念したことはなかった。それは図表6-2に示した発言内容から容易に確認できる。まるで08年のリーマン・ショックを予言していたかのような発言ではないか！　特に米国の当局者5名には注目して欲しい。一方の日本はと言えば、図表6-2の後半部分でお分かりのように、05年末から06年4月まで1ドル＝115円前後のドル安・円高になると頻繁に口先介入をして、円安是正を阻止してきていたのだ。

不均衡拡大に歯止めを掛け、その是正を促す円高＝円安是正はファンダメンタルズを反映していないというのは実におかしな話である。そんな最中、06年5月2日の日本経済新聞夕刊に「小泉政権　デフレと格闘の5年」という興味深い記事があり、「首相側近は『静かに大きな効果を上げたのは為替政策と金融政策の融合戦略』と打ち明ける」と記していた。

その戦略とは、人事面で黒田元財務官を内閣参与に迎え、日銀総裁を円高容認論の速水氏から福井氏に代え、副総裁も財務省出身の武藤氏を配したということ。そして、35兆円もの円売り介入を断行、日銀も当座預金残高を35兆円まで引き上げて量的緩和を加速した。さらに、ブッシュ大統領からは「強いドルを望む」というメッセージを得て、グリーンスパンFRB議長もこの小泉戦略を正確に読み取り、円売り介入に理解を示した、というものである。

要すれば円安誘導政策に米国の合意があったということになる。しかし、「中国など多額の経常黒字がある新興国は為替相場の一層の柔軟性が望ましい」というG7声明と世界的不均衡を是正するための付属声明は、日本一国の課題

第6章 リーマン・ショックの根因となった円安誘導 59

図表6-2 不均衡拡大を懸念した海外当局者の発言と日本の対応（05年末～06年5月）

1/23	ガイトナー・ニューヨーク連銀総裁	世界経済の不均衡は経済成長にとって脅威。米国の経常赤字は世界経済の脅威
2/6	ドッジ・カナダ中銀総裁	世界経済、不均衡拡大でリセッションに陥る可能性も
2/11	シュタインブリュック独財務相	米経常赤字と原油価格が世界経済のリスク
2/14	アルムニア欧州委員	原油価格と世界の不均衡が成長のリスク。米国は莫大な赤字を"解決"しなければならない
2/14	ピアナルト・クリーブランド地区連銀総裁	米経常赤字は"維持不可能"
2/15	バーナンキ米FRB議長	高水準の米経常赤字を懸念、いずれ低下可能だが急激な低下は望ましくない
3/30	ドッジ・カナダ中銀総裁	世界的不均衡は"非常に緩慢な成長"をもたらす。ここ2年不均衡の解決はほとんど進んでいない
4/5	ラトIMF専務理事	不均衡拡大により無秩序な調整が起きるリスクが増大。不均衡是正のために協調行動が必要
4/6	トリシェECB総裁	世界的な不均衡と原油価格が景気の下ぶれリスク
4/12	スターン・ミネアポリス地区連銀総裁	米経常赤字は"世界的な問題"
4/20	ウェーバー独連銀総裁	国際不均衡考えれば、ドルのより大幅な下落や米市場金利の上昇は排除できず
4/21	ブルトン仏財務相	日本と中国の為替政策は"問題"
4/22	ブルトン仏財務相	市場が円相場を押し上げることを日本が容認すると確信
4/25	アルムニア欧州委員	不均衡が外貨準備としてのドルの地位に影響を与えるだろう
4/27	キング英中銀総裁	為替レートの急速な調整の可能性も
5/3	モスコウ・シカゴ地区連銀総裁	米経常赤字の永続は不可能

12/2	谷垣財務相	1ドル120円台、大きな意味でファンダメンタルズを反映
12/15	谷垣財務相	ここ数日若干の動きがある、注意してみていかなければならない
12/16	谷垣財務相	ここ数日かなり激しい動き、注意深く動きを見ていく
12/19	谷垣財務相	ここ数日かなり激しい動き、注意深く動きを見ていく
1/5	渡辺財務官	年末年始の動き、荒っぽい印象ある。関心を持って見ている
1/10	谷垣財務相	ファンダメンタルズを超える急な動きへの適切な対応はG7で認められている
1/11	谷垣財務相	注視する必要、ファンダメンタルズを反映すべき
1/12	細川財務次官	12月半ば以降やや変動幅が激しい、十分注視していく

1/14	谷垣財務相	年末年始の動きはやや荒い、注視していく必要
1/19	渡辺財務官	円は依然として比較的強い
1/20	谷垣財務相	今後とも動向を注視し、必要に応じて適切に対処
2/24	谷垣財務相	若干荒い動きがある、注意して見ていかなければならない
3/20	細川財務次官	ここ数週間見ると、やや荒い動きもある、G7声明に基づき今後の動向を注視する
4/24	財務省筋	必要に応じて適切に対処という為替介入政策に変更ない＝仏財務相発言で。G7で仏財務相が言っていたような円高容認の議論はしていない
4/25	谷垣財務相	G7前後の動きは荒っぽい、注意して見る必要。為替水準はファンダメンタルズを反映すべき、急激な変化望ましくない
4/27	渡辺財務官	G7付属文書、ドル調整と読むのは間違い

よりも世界の不均衡が齎す諸問題の解決が優先される、というメッセージと理解されるべきだったのだ。そうしていればリーマン・ショックなど起きなかったかもしれない。結局小泉政権は最後まで円安頼みの経済運営を貫き通した。そして、その「為替政策と金融政策の融合戦略」を引き継いで政権奪取と維持に利用したのが第二次安倍政権である。戦略が同じだから結果もきっと同じものになるに違いない。

三國陽夫氏の警告 ―『黒字亡国』

　円安によって輸出を促進して経済成長を達成する ― 戦後日本が迷うことなく一貫して取り続けてきたこの経済運営に対し、その転換を強く訴えたのが三國陽夫氏（三國事務所代表、経済同友会元副代表幹事）の著書『黒字亡国 ― 対米黒字が日本経済を殺す』（文春新書、05年）である。一般国民には「本当はそうなのか？」と思わせる本のタイトルだが、その意味するところを三國氏自身がこう解説している。

　　日本は1980年代後半に、アメリカに代わって純債権大国になった。世界一黒字をため込み、資本を輸出している国になったという意味である。その後も日本は黒字をため続け、赤字国のアメリカに資本を輸出する構造が続いている。本書

では、この構造が植民地から宗主国に富の移転を行う構造に重なることを具体的に説明している。黒字を続けている植民地は、本来なら自国内の投資や消費に向けられるはずの資本を宗主国に輸出するため、国内での経済活動は停滞し、デフレに陥る。日本でも1990年代後半からデフレ現象に覆われており、なかなか脱却できずにいる（文藝春秋、06年1月号、「本の話」）。

そして、こうも述べている。

日本は再び経済成長できる政策への転換を真剣に検討することが急務である。そのためには内需拡大に焦点を当てるしかない。それは容易なことではないが、日本の黒字が支えているアメリカの住宅バブルが崩壊して世界経済の機関車役をアメリカが果たせなくなった時、日本は世界の世論の支持を受けて内需拡大による経済成長を求めることが可能となる。この機会を逃してはならないと考えるのは、私だけではないだろう（『黒字亡国』23ページ）。

振り返れば三國氏の予言は的中、アメリカの住宅バブルは崩壊した。民主党政権時代にこうした三國氏の先見した警告を意識したと思われる時期もあったと感じたが、それに先立つこの時期、結局日本政府は輸出促進のための円安志向を変えることなく、G7も不均衡是正＝円安是正を停止してしまったのだ。

その理由は、06年4月21日のG7で世界の不均衡を是正するために特別に「付属声明」を発表したところ、市場はこれを「ドル安誘導」と解釈してドル／円相場が110円を割り込み、株式市場も急落したのを見て、米国やG7が不均衡是正＝円安是正に恐れをなしたからである。

世界経済について誤った判断を下し、最も性質（たち）が悪かったのが07年4月13日、ワシントンでのG7である。声明では「世界経済は、リスクは残存するが過去30年超で最も力強い持続的拡大を経験し、より均衡のとれたものに」と絶賛したのだ。ところが、そのわずか数カ月後にサブプライム問題が表面化して世界同時株安が起こり、08年9月15日のリーマン・ショックにいたった。何のことはない、当時の世界経済は「より均衡のとれたもの」ではなく、その正反対である「最高に不均衡が拡大したもの」になっていたのだ。

ここであらためてG7の不均衡に対する取り組みの推移について、時間を

図表6-3　G7の不均衡に対する取り組み（03〜08年）

03/9/20	「ドバイ合意」で初めて不均衡是正に懸念を表明「国際金融システムで市場原理に基づいて円滑で広範な調整を進めるため、主要国・地域にとって為替相場のさらなる柔軟性が望ましい」
04/2/7	「為替相場の過度の変動や無秩序な動きは望ましくない」とドル安をけん制
05/7/21	中国が人民元切り上げ
05/9/23	「ドバイ合意」の表現削除
06/4/21	世界的不均衡を是正するための付属声明
07/2/9	欧州などから円安批判強まるも「円安是正」は声明に盛り込まず
07/4/13	世界経済を絶賛
08/10/27	円高けん制の緊急声明（円に言及するのは2000年1月の「円高懸念の共有」以来）

追って整理しておく（図表6-3）。G7は世界の不均衡が世界経済の脅威になることを何年も前から認識、警告を発していたにもかかわらず、その不均衡を拡大させた日本の円安誘導政策を阻止することを怠り、最後は不均衡のピークを絶賛するという、大きな過ちを犯してしまったのだ。あるいは、日本以外のG6各国からどんなに円安批判を浴びせられても日本が長い間聞く耳を持たなかったことは、日本の財務省がG7の中で絶大な影響力を保持していることを物語っているのかもしれない。その理由は、日本が米国債を買ってくれるお得意様だということくらいしか思い当たらない。いずれにしても、日本の円安誘導政策を阻止できなかったことは、G7が形骸化したと批判されるに十分な史実である。

「円安バブル」崩壊

こうしたG7の怠慢も手伝って、円安は07年7月にピークを迎えることになった。図表6-4で確認できるように、円の実質実効為替レート指数が85年のプラザ合意以前の水準まで下落したのだ。実質実効為替レート指数とは、主な貿易相手国・地域の物価を加味した上で、貿易額に応じて加重平均したもので、いわば「円の本当の実力」を示す。プラザ合意以前と言えば1ドル＝240

図表6-4　実質実効為替レート指数と実際のドル／円相場

　　　── 実質実効為替レート指数（左目盛）　　……… 実際のドル／円相場（右目盛、円）

出所：日本銀行「時系列統計データ」より作成

円あたりのドル高・円安レベルを想像させるもので、いつドルの急落＝円の反騰が始まってもおかしくない。ちょうどその時、円キャリートレードの投資対象であるニューヨークダウは史上初めて1万4,000ドル台を示現、しばらくドル高・円安のピークを確認すると3カ月後には力尽きて株式市場の大暴落が始まった。

　広い意味の円キャリートレードの対象は外為市場や株式市場に止まるものではない。欧州では超低金利の円建てで住宅ローンを組むことが盛んに利用されていて「住宅バブル」のお手伝いをしていた。また、08年7月に史上最高値を示現した原油など商品市場でも原資が円調達によるものと言われていた。原油高が世界的なインフレ圧力になるとして、G7が初めて懸念を表明したのが04年4月で、1バレル＝30ドル台の時である。それ以降も毎回原油高をけん制してきたものの、その効果はまったくなく実効性に疑問が持たれた。G7の姿勢は不均衡拡大の放置と同じものだ。

07年7月から始まる円安是正＝ドル安によって投資マネーは原油市場など国際商品市場に流れ、1年後には原油相場と国際商品の値動きを総合的に示すCRB指数は史上最高値をつけた。これらはかなり投機的な動きと見られており、巡り巡って円キャリートレードが齎した結果と言える。こうして、円安が支える相当に不健全な世界経済が造成されてしまったのである。

円が20年以上前のプラザ合意以前の水準まで下落した原因は、95年は「神をも恐れぬ」と言われ、99年から04年にかけては「異常」とも言われた大規模ドル押し上げ・円売り介入と、「人類史上例を見ない」と言われる95年以来10年以上続けている超低金利政策である。こうした一連の円安誘導政策が実体経済面では世界の不均衡を史上最大にまで拡大させ、さらに、金融経済面では07年から08年に見られた米国や世界各国株式市場の史上最高値、原油など商品相場の史上最高値、ユーロ／円相場の史上最高値などを齎した。

これだけ「異常」なことが続けば世界の価格体系は歪みに歪んで、これらの「円安バブル」が崩壊したときは「百年に一度」と言われるくらいの"現代版世界大恐慌"が起きるのは当然ではないか。つまり、リーマン・ショックの根因は日本の円安誘導政策だったのである。

本節の最後にリーマン・ショックについて、当時アジア開発銀行総裁だった黒田日銀総裁の認識を確認しておく。氏は次のように語っていた。「今回の危機の背景には、米国とアジアなどの国々の間で、貿易やサービスなどの帳尻を示す経常収支の不均衡が広がっていたことがある」（朝日新聞、08年11月4日）。そして「アジア諸国は、危機の直接的な影響を受けていない」とも。記事の文中では「アジアなどの国々」の中に日本

図表6-5　主要国の対外純資産（18年末現在）

日　本	341兆5,560億円
ドイツ	260兆2,760億円
中　国	236兆　779億円
香　港	143兆4,516億円
スイス	99兆5,142億円
カナダ	42兆9,458億円
ロシア	41兆1,110億円
イタリア	▲8兆7,573億円
英　国	▲20兆　926億円
フランス	▲33兆9,869億円
アメリカ合衆国	▲1,076兆9,500億円

出所：財務省

は含まれないよう意図的に日本を別枠にしているが、氏は現在、日本が「危機の直接的な影響を受けていない」にもかかわらず、異次元緩和継続という円安誘導政策によって経常収支の不均衡拡大に最大限寄与している。図表6-5に見られるように、対外純資産の増減をもたらす経常収支の拡大によって、特に日米間の対外純資産の不均衡は天文学的なものになっているのだ。

円安が是正されると世界同時株安になる

　ドル／円相場が操作されると、どのくらい世界経済に影響を与えるものなのか。ドルは世界第1位の経済大国の通貨であり、円は世界第3位の経済大国の通貨である。両国のGDPを足すと世界の3割を占める。筆者はかつてインターバンクディーラーとしてドル／円相場の取引に携わり、東京時間の出来高シェアの30％を超えた日を何日か経験したことがある。それはもう、円のマザーマーケットである東京外為市場の出合いのほとんどすべてに参加しないと達成できないほどの数字だった。市場の3割を占有するという意味はそれほど大変なことであり、ドル／円相場を操作することは世界経済に甚大な影響を及ぼす、という感覚は個人的には納得できるものだ。

　円安は実体経済面での不均衡を拡大させたばかりでなく、金融経済面でも株式市場のバブル化を齎した。外為市場の後講釈による市況解説では、円高になると「株式市場が下落してリスクオフの動きが強まったため」と言い、円安になると「株式市場が上昇して、リスクオンの動きとなったため」と言う。一方で同じ日に株式市場の解説を読むと、相場が下落した時は「為替が円高になったため」と言い、相場が上昇した時は「円安を好感して」と言う。

　このように、外為市場での円高・円安と株式市場の動向は「鶏が先か卵が先か」という感じになっているのだが、いずれにしても、2つの市場の間には何か強い関係があることだけは確かだ。はたして円相場が株式市場を支配しているのか、株式市場が円相場を支配しているのか、どちらが正しいのだろうか。実は、この疑問に明確に答えてくれる出来事が06年に起きているのだ。きっかけは4月21日のG7だった。

発表された共同声明では、それまでとは大きく違う点が2つあった。1つは、「中国など多額の経常黒字がある新興国は為替相場のいっそうの柔軟性が望ましい」として、「経常黒字」という点に言及したことである。もう1つは、特別に、世界的不均衡を是正するための付属声明を発表したことである。外為市場はこの声明を不均衡是正のための「ドル安誘導」と解釈、ドル／円相場はそれまでの115円から120円というレンジを抜けてドル安・円高が進行した。と同時に、翌月5月に掛けて世界同時株安という現象が見られるようになったのである。

　ここで明らかになったことは、世界の不均衡を是正しようとするとドル安・円高になり、その結果世界同時株安になる、という現実だったのだ。この因果関係から判断すると、ドル安・円高が世界同時株安を引き起こしたのであって、世界同時株安がドル安・円高を齎したものでないことは明らかである。また、円安が株式市場のバブルを造成したことの証でもある。

　もっと明確な事例は、07年2月9日のG7後に起きた円安是正＝円高と世界同時株安である。当時はドル／円相場が120円を超えて円安になり、またユーロ／円相場などのクロス／円相場でも大幅な円安になっていた時期であり、欧州からの円安批判は特に強くなっていた。しかし、日本政府が抵抗した結果「円安是正」は共同声明に盛り込まれないこととはなった。ただし、ロイターは「トリシェ総裁とユーログループの議長であるルクセンブルクのユンケル首相兼財務相は、尾身幸次財務相と福井俊彦日銀総裁との会談後、景気回復が円相場に反映されるべきとの考えに日本側が同意したことを明らかにした」と報じていた（2月10日）。

　そして、それから2週間ほど経った2月27日、円が急騰して世界同時株安が起きたのである。きっかけは尾身財務相が「（3月5日に）米財務長官とは円安問題含め経済全般の話を行う」と発言したことを受けて、ドル／円相場が心理的な壁である120円を突破したことだった。財務相自身が円安是正を意図した口先介入だったのは分からないが、少なくとも外為市場はそのように反応したのである。

　結果的には尾身財務相のたった一言が、マーケットに甚大な影響を与えたこ

とになった。「円安」を「問題」だとしたことはG7の声明文にも載せなかったことであり、ましてや日本の当局が「円安」を確認したのは98年の「日本売り」以来のことである。それを米国と直接話し合うというのだから、マーケットが重大な意味を感じ取ったとしても決して不思議ではない（しかし、実際には日米が円安問題を議論した形跡は一切確認されなかった。尾見財務相が誰かに"言わせられた"疑いもある）。

　その後、東京時間ではラトIMF専務理事が「円安とキャリートレードが多くの国に影響していることは明らか」と発言し、欧州時間に入るとベルギー財務相が「円は弱い」と言い、さらに仏財務相は「ユーログループの間で円が議題に上った」と発言。複数の海外要人が円安是正を目論んだと思われる口先介入を続けたのだ。その結果、円キャリートレードの巻き戻しが活発化して世界同時株安に繋がったという訳である。そして、尾身財務相の発言が伝わったのは朝8時56分であり、それは当日急落した上海株式市場が始まる1時間以上前だったことは注目すべきである。つまり、円安是正が先にありきであって、世界同時株安によって円安が是正されたのではないことが確認されるのである。

　それから数日後の3月1日、小幅高で始まった欧州の株式市場は、渡辺博史財務官の発言が伝えられると即座に反応して急落に転じてしまった。財務官の発言の中で市場が最も注目したのは以下の3点だった。「日本の金利は『ノーマルな水準』に戻っていくと予想する」「円キャリートレードの巻き戻しが加速するかもしれないとの懸念も出ている」「今週の為替の動きは円キャリーの巻き戻しではない、なぜなら本当の巻き戻しはもっと大きいから」。この市場反応でも、円安が是正されると世界同時株安が起きるということが再確認されたのである。

第7章

リーマン・ショックを経て民主党政権へ

藤井財務相は円安誘導政策の大転換を図ったが結局元の木阿弥に。ドル／円相場が戦後最安値を更新するたびに実施された大規模介入では、手法に進歩はあった。

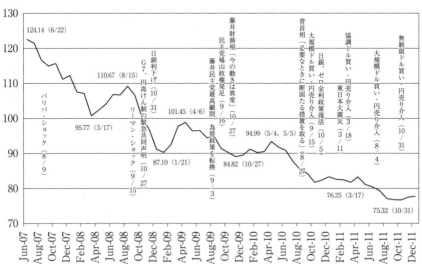

ドル／円相場の推移（07年6月〜11年12月）

出所：日本銀行「時系列統計データ」より作成

12年ぶりの1ドル＝100円割れでも介入なし

　07年8月9日、フランスの大手銀行であるBNPパリバ系列のファンドがサブプライムローン（信用力の低い個人向け住宅融資）関連商品の解約を突然一時凍結した。これがきっかけとなりサブプライム問題が表面化すると、それまでサブプライム関連商品を積極的に購入していた欧米投資家が動揺し、世界中に信用不安が広まった（パリバ・ショック）。以後、日を追うごとに金融市場の信用リスクに対する警戒感は高まっていった。

　同時にドル安基調はサブプライム問題が深刻化した07年夏から鮮明になり、グローバルな株式市場も急落。景気も減速していったことから米FRBは政策金利であるフェデラルファンド（FF）レートの誘導目標を07年9月から08年12月まで連続して引き下げた。こうしたファンダメンタルズの変化に伴って円キャリートレードの巻き戻しも本格化することになった。

　その結果08年3月13日の欧州外為市場で12年ぶりに1ドル＝100円割れを見ることとなった。しかし、その水準に達するまでもその後もなぜか当局のドル買い・円売り介入は実施されなかった。額賀福志郎財務相は連日コメントを求められる中で「過度の変動は望ましくない」（3月14日）とドル安・円高をけん制したものの、「今具体的な対応策は考えていない」（3月17日）と発言すると当時の最安値95.77円まで下落した。さらに3月27日には「長い目でみれば、円が強いことは国民にとってプラス」とまで言い切った。篠原尚之財務官も「首相からよくG7で連絡取り合ってくださいといわれた」（3月17日）と述べるにとどまった。筆者も含めて多くの市場参加者も介入なしとの予想が多かった。

　当時として最後の介入が実施された04年3月16日から4年が経ったが、この間のドル安・円高過程も含めて、1ドル＝100円割れを見ても財務省が実弾介入に出動しなかったのはなぜだったのだろうか。それまでと何が違ったのか、考えてみたい。そのヒントになりそうな発言が、元財務官だった（04年7月～07年7月）渡辺博史氏からあった。それは日銀副総裁候補として国会で

所信聴取されたときのことだ（08年4月8日）。「渡辺氏は低金利や大量の為替介入など副作用の強い政策を必要以上に実施すべきではないとの認識を示した。（中略）為替介入で『（市場に）手を入れることは非常に危険が伴う』とも語り、市場機能を大切にする姿勢をみせた」（日本経済新聞、08年4月9日）。氏の発言は当時の財務省の見解を代弁したものと受け止めてよさそうである。

　財務省が介入しなかった理由としては、3つほど考えられる。1つ目は、04年まで長年にわたって実施された実弾介入で、巨額を投じた大規模な介入によっても、あるいはドルを押し上げる手法をもってしても、協調介入によっても、1ドル＝100円割れを阻止することができなかったという歴史的な現実である。つまり、実弾介入は一時的にドル安・円高を阻止・反転させることには有効であっても、長期的には不可能ということを財務省が認識したからではないだろうか。

　2つ目は、世界的なファンダメンタルズの悪化は米国が震源地だったことから、円高というよりドル安と捉えるべき局面だったことである。つまり、米国以外の主要各国の間にドルが下落することは当然との認識が広く共有されていたからではないだろうか。

　3つ目は、御手洗富士夫経団連会長が「円高というよりドル安、日本の産業も過去10年の不況で鍛えられた。筋肉質になり、抵抗力が強くなっている」（3月13日）と述べたように、経済界もこれら2つの状況変化を理解し、かつ1ドル＝100円くらいなら十分やっていける自信もあり、あえて強く政府に円安誘導を要請することはしなかった可能性である。

　これらにもう1つ付け加えるならば、当時国会の場でも政府の為替政策についてかなり突っ込んだ議論がなされていたことがある。07年10月30日の参院財政金融委員会では民主党の円より子議員が円売り介入を厳しく批判しながら、円安を歓迎する経済構造を改める必要性を訴え、「政府・日銀が輸出産業の収益に配慮するあまり、超低金利政策や、円売りドル買いの為替介入によって、円安政策を志向してきたことが、国内産業の構造改革を遅らせるとともに、グローバル・インバランスをさらに助長させたのではないか」という見方を示していた（『女と通貨と政治文化』第一法規、10年、208ページ）。円

氏はまた08年3月27日の参院財政金融委員会でも円売り介入を強くけん制し、「強い円」のメリットを訴えていた。

ただし、当時一般国民が1ドル＝2桁円という相場水準をどう見ていたのか、残念ながら推し測る材料がない。その後1ドル＝2桁円が定着することになり、各方面からデフレの元凶は円高だとする声が大きくなっていったことに鑑みると、リーマン・ショック前後の円高は一時的という思いがどこかにあって、長い間捨て切れないでいたのではないだろうか。

円キャリートレード救済のため米国がドル高誘導？

ところで、ドル／円相場は08年3月17日の95.77円から反転、15円幅ほど上昇して08年8月15日に110.67円まで達することになるのだが、筆者にはこの動きが自律反転とは思えず、その背景には珍しく米国サイドからのドル高誘導があったのではないかと疑っていた。もちろん実弾介入を伴うものではなかったが、複数の要人発言にはドル高誘導の意図が窺われた。時系列に確認してみよう。

- ポールソン財務長官（5/31）：サウジ通貨リヤル相場のドル連動（ペッグ）について「うまく機能していると思う」と述べ、継続を支持する姿勢をみせた。サウジ政府内でドルペッグ停止が議論されていたが、ドル信認の低下を恐れる米国が反対の意向を伝えたとの観測があった。
- ポールソン財務長官（6/1）：「各国首脳は通貨のドル連動（ペッグ）をやめてもインフレを抑えられないと知っている」と語り、「強いドルは米国の利益」と繰り返していた。
- バーナンキFRB議長（6/3）：「ドル安は歓迎できない物価上昇を招いている」「インフレやインフレ期待の意味することに注意している」と発言して利下げ休止を示唆した。
- バーナンキFRB議長（6/4）：インフレ期待が上昇していることについて「強く懸念している」と述べた。
- バーナンキFRB議長（6/9）：「米景気が大幅に減速するリスクはこの1カ月で小さくなった」「（インフレ期待が成長を不安定にすることは）FOMCが強く抵抗

する」
- ポールソン財務長官（6/9）：「為替介入を検討対象から排除しないし、どのような政策手段も対象になる」
- フィッシャー・ダラス連銀総裁（6/9）：「ポールソン氏のインタビューを見た。発言通りだ。いかなる選択肢も排除してはならない」
- ガイトナー・ニューヨーク連銀総裁（6/9）：「ドル相場に強い注意を払っている」
- ブッシュ大統領（6/10）：「我々は強いドルを信じている」
- コーンFRB副議長（6/11）：「インフレ予測の高まりを抑えることが金融政策運営で重要」
- 日米財務相会談（6/13）：「日米、為替安定へ協調」「インフレ懸念を共有」「緊密な連携確認」、焦点になっているドル安問題を巡るやり取りについて、額賀財務相は「話題に出たがコメントは差し控える」と発言。
- G8財務相会合（6/14）：ポールソン米財務長官は会合の中で「強いドル」が世界経済の安定にとって重要だと強調し、各国も異論を唱えなかった。
- ラッカー・リッチモンド連銀総裁（6/16）：「インフレは容認できる水準を超えている」

　この間もその後も、彼らの発言を具体化した実弾介入もなければFRBによる利上げもなかった。3カ月後の9月15日にはリーマン・ショックという激震に見舞われたことを振り返れば、米国政府による一時的なドルのトークアップとしか考えられないのである。そして、07年6月22日に高値1ドル＝124.14円をつけた頃が円キャリートレードのピークを迎えた時期であり、08年3月17日につけた安値95.77円までがその巻き戻しと考えると、その半値戻しが109.95円になる。

　つまり、08年8月15日の110.67円でその半値戻しを達成したことになることから、長年円キャリートレードを続けてきた筋はクロス／円も含めた円キャリートレードを巻き戻すことで、これまでの損失をほとんどチャラにすることができたのだ。米国サイドからの口先介入は円キャリートレード筋（おそらく米系ヘッジファンド）を救済することが目的だったのではないか──これが筆者の大胆な推理である。

民主党政権に代わり財務相が円安誘導政策を批判

　08年9月15日のリーマン・ショック発生以後しばらく、特にニューヨーク時間のドル／円相場はニューヨークダウの日中の上下動との連動制が非常に高くなった。したがって、株式市場の動きに細心の注意を払わなければならなくなった。最初の数十ドルの動きが数百ドルの急落に繋がり、それに連動してドル／円相場も急落となるケースが多くなったからである。ただし、その数十ドルの上下動から大相場になることもあれば、騙しに終わってしまうこともあり、一歩間違えると大やけどを負ってしまうのだ。

　そんなことを繰り返しながらドル／円相場は下落基調を辿り、10月には円キャリートレードの巻き戻しが本格化して、日経平均株価も7,500円を割り込んだ。いよいよ1ドル＝90円＝360円の4分の1が目前に迫ったのだ。ここで政府は10月27日のG7で円高をけん制する緊急の共同声明を発表することに成功。「我々は、最近の為替相場における円の過度の変動並びにそれが経済及び金融の安定に対して悪影響を与え得ることを懸念している。我々は、引き続き為替市場をよく注視し、適切に協力する」と。だからと言って日本が実弾介入に出動することはなかったし、もちろん協調しての介入もなかった。それでも日銀が10月31日に政策金利を0.5％から0.3％へ利下げし、いったん90円割れは免れた。

　しかし、翌年09年1月21日に1ドル＝87.10まで下落すると口先介入が頻繁になった。首相自ら発言に加わり、麻生太郎首相は「ドル基軸通貨体制を維持しないと国益を損なう。ドルが暴落することは日本にとって非常に大きなマイナス」（1月8日）「ドルが基軸通貨として使われることはわれわれにとって国益大きい」（2月27日）と、基軸通貨としてのドルに焦点を当てて口先介入していたのが印象深い。ここからいったん101.45円（09年4月6日）まで反騰するも100円近辺の水準では上値が重く、09年11月27日に84.82円をつけるまで再び下落基調となった。

　鳩山由紀夫代表率いる民主党は09年8月30日、衆院選で300議席を超え

る圧勝を果たし、9月16日に鳩山内閣が発足した。その少し前の9月3日に、鳩山内閣で財務相となった藤井裕久民主党最高顧問がロイターとのインタビューで語った内容が民主党政権時代の円高強調地合いを決定づけた。多少長くなるが、氏の円安誘導政策批判は日本の為替政策の大転換とも言うべき重要な内容なので項目ごとに紹介する。

① 現状は米経済動向を反映したドル安であり、急激な円高ではない。
② 為替介入は、よほど異常な時以外はやるべきではない。
③ 円高政策をとる必要はないが、円安によって輸出を伸ばす政策は間違い。
④ 現在の不安定な世界経済の状況の中では国際協調が大事で、こういう時期に為替ダンピングをやってはいけない。無理しても頑張ることが必要。
⑤ 為替介入が必要となるケースについては、異常な投機資金が出たときには介入があり得るが介入するときは協調で介入すべき。協調介入ができる体制なのかどうかがもうひとつのファクター。
⑥ 一般論として、自国通貨が強くなるのは、目先は貿易面で間違いなくマイナスだが、大きな意味ではいい。日本は基本的に円高の方がいい。
⑦ 日銀の金融政策運営に対して、今の政策は適切で白川方明総裁が信じるところに沿ってやってもらったらいい。今後も独立性を尊重する。
⑧ デフレにはいろいろな要因があり、金利を下げれば物価が上がるという単純なものではない。デフレリスクが深刻化した場合のさらなる金融緩和には否定的。

こうした藤井財務相の見解は、73年に変動相場制へ移行してから36年という長い年月を経て、日本の通貨当局が実践を通して学習した為替政策の"知恵"とも言うべきである。ただ、その知恵は自民党政権だろうがそうでなかろうが普遍であるべきなのだが、もともと円安志向の強い国民に理解し納得してもらうには政権交代という時代の変化が必要だったのかもしれない。

結果は政権交代をもってしても国民の円安志向を変えることはできず、それが民主党の弱みともなった。その弱みを突いて、自民党は12年に政権奪取するための国民に訴える最強手段として、異次元緩和による円安誘導政策を利用したのだ。そして今も藤井発言を批判する向きは多い。

なお、この発言を受けてドル／円相場は下落基調を辿り09年11月27日に84.82円を示現すると、さすがに藤井財務相も「今の動きは異常、適切な措置をとることもあり得る」との見方を示して、下げ止まった。そこには09年11月20日に政府が突然「デフレ宣言」を行い、同時に「物価安定に関する考え方を明確にした努力にもかかわらず、日本銀行はその後も『デフレを容認している』という激しい批判にさらされ続けた」（白川方明前日銀総裁『中央銀行』東洋経済新報社、18年、302ページ）という背景があったからである。

やっぱり実弾介入頼み ─ 手法には進歩あり

以後、ドル／円相場は反転・上昇したが、マーケットが95円台回復に失敗すると（10年5月4日と5日に94.99円まで）再び下落基調を鮮明にしていった。10年6月に90円を突破すると8月に85円を割り込み、9月15日には82.87円と80円割れが視野に入る水準にまで達した。特に8月からは景気が減速感を強めたことや円高放置批判の強まりを受け、菅直人首相や野田佳彦財務相をはじめとする要人から円高を懸念する声が大きくなっていった。同時に円高がデフレを深刻化させるという論調もマスコミに多く見られるようになった。それは彼らが皆、偏に95年4月19日の変動相場制移行後のドル／円最安値79.75円を強く意識していたからに他ならない。

そして8月27日に菅首相は「必要なときには断固たる措置を取る」との談話を発表して円売り介入に踏み切る用意を示した。同時に日銀に対して一層の金融緩和を求めることも明らかにした。奇しくも9月1日に民主党代表選が告示され、立候補した小沢一郎元代表も菅首相の円高対応の遅れを批判して円売り介入すべきと訴えていた。それでもドル安・円高の流れを止めることはできず9月15日を迎えることとなった。民主党代表選で菅首相が小沢一郎元代表に勝利した翌日である。6年半ぶりに大規模ドル買い・円売り介入に踏み切ったのだ（図表7-1を参照）。

介入は1ドル＝82円台後半から始まったと思われるが、当日ニューヨーク市場終値は85.75円となりほぼ高値引け。金額は2兆1,249億円と、一日の円

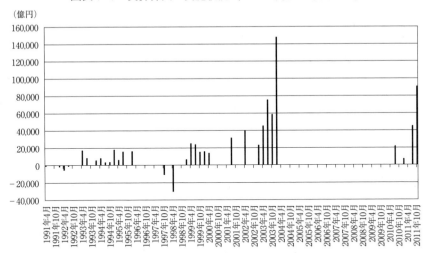

図表 7-1 実弾介入の実施状況（ドル／円、四半期ごと）

出所：財務省「外国為替平衡操作の実施状況」より作成、プラスはドル買い・円売り介入、マイナスはドル売り・円買い介入を表す

売り介入金額は当時として過去最高だった。結局、日本の政治は円安志向の世論に逆らうことはできず、この日をもって藤井氏の見解は反故にされ、日本の為替政策は元の木阿弥になってしまった。しかも、協調介入ではなく単独介入だった。

したがって、介入に踏み切ったのは単に1ドル＝80円以下のドル安・円高にしたくないという、特定の水準を意識した日本だけの独りよがりな発想によるものである。「これは愚挙としかいいようがない」（野口悠紀雄早稲田大学大学院ファイナンス研究科教授、朝日新聞、10年10月1日）。当然他国からも強く批判されることに。

米FRBやECBなど主要国の通貨当局は介入直後ノーコメントを貫いたが、ユンケル・ユーログループ議長は明確に批判した。「一方的な行動は為替市場の不均衡を是正する適切なやり方ではない」（9月15日）、「日本の単独での介入には不満。介入のアイデアも実際に行った事実も好ましくない。行動が日本との関係に影響するとは思わない。EUは介入を好ましく思っていないことを

日本に明らかにした。円は対ユーロで過大評価されていない。為替介入、協調して実施された場合のみ有益」（9月16日）と。筆者はこれが正論だと思うし、日本もそうあって欲しかった。

　ただ、今回の介入ではマーケットに配慮したと思われる改善点・進歩もいくつか認められた。①事前に8月27日に菅首相自らが談話を発表して、相場動向によってはドル買い・円売り介入する用意があることを事前にマーケットに知らしめたこと。「サプライズ介入」としなかったことでマーケットはある程度あらかじめ介入を織り込むことができたと思う。

　②介入の最高責任者である野田財務相が介入開始から15〜20分後くらいの早い時点で基本的な情報を明らかにしたこと。その内容は「10時30分に日銀に介入を要請、35分ごろに介入実施した。必要な当局との連携とっているが、コメント控える＝国際協調で。今後も引き続き為替動向を注視し、介入含め断固たる措置をとる。介入規模や対象通貨などは後ほど公表。為替介入は日本単独」だったが、いわゆる"覆面""隠密"介入としなかったこと、単独介入であることを明らかにしたことは、不要な思惑でマーケットを混乱させないよう配慮したことが窺われ、この点については高く評価したい。

　③海外市場に入っても断続的に情報提供したこと。つまり、16：51「日本政府当局者」から「為替介入の詳細は言えないが、かなりの規模実施。為替介入について米国はともかくとして欧州が難色示した。民主党の代表選挙と為替介入のタイミングは関係なし。1ドル82円台に突入したことが為替介入のきっかけ」21：17「政府筋」から「欧州時間でも排除しない＝為替介入で。ニューヨーク時間での為替介入、必要であれば行う。為替介入が成功したと言うには時期尚早」23：11「日本政府筋」から「必要に応じて為替介入を明日も継続する」00：02「日本通貨当局筋」から「ニューヨーク時間でも引き続き為替介入を実施」と。このように相場状況が時々刻々変化していく中でも継続的に情報提供したことは、マーケット参加者に対してある種の安心感を与えてくれた。

　④白川日銀総裁が当日「潤沢な資金供給を行う」との談話を発表して、日銀も介入に協力する姿勢を示したこと。これには筆者にも日銀と政府との一体感

が感じられた。

　以上の改善点を確認すると、この日の介入は95年の榊原氏による「サプライズ介入」「ブルドーザー介入」「勝つ介入」とインサイダーまがいの行為、99年の榊原氏による「大蔵省と日銀との間に対立があるから円高になった」との自作自演、そして03年〜04年の溝口氏による「異常な介入」「覆面介入」「見せ玉介入」など、これらの"悪しき"介入事例を反省した上での、周到綿密に練られたものだったと推察する。

震災後にドル／円戦後最安値を更新76.25円（11年3月17日）──「円高ショック」で協調介入へ

　10年9月15日の大規模介入でもその後のドル／円相場の上値は重く、対策として日銀は10月5日に4年3カ月ぶりにゼロ金利政策を復活させ、国債や社債など5兆円規模の資産購入も決めた。しかしその効果もなく軟調推移し、特に翌年11年3月11日の東日本大震災発生後から下げ足を速めた。3月16日に80円割れ、翌17日にはシドニー市場で76.25円と戦後最安値を更新した。実弾介入が復活したのはその翌日3月18日である。それまで介入できなかったのは10年9月15日の単独介入以降の海外要人発言（図表7-2）に見られるように、厳しい介入批判が相次いだからに違いない。

　11年3月18日の実弾介入は日米欧と英国、カナダも参加する協調介入で、協調介入はユーロ買いした00年9月22日以来のことである。日本の介入金額は6,925億円だった。通貨当局の幹部によれば「単に日本を心理面で支援しようという思いだったG7の雰囲気が、一瞬でがらりと変わった」。きっかけは、3月17日にわずか20分間でドル／円相場が3円以上急落し戦後最安値の76.25円をつけた「円高ショック」だったそうだ（日本経済新聞、11年3月19日）。この値動きを見て、日本の通貨当局と協調介入参加国は投機的で「過度な変動や無秩序な動き」と判断した訳である。

　それでは、なぜそれほどの急落になったのだろうか。巨大地震発生なら常識的にはドル買い・円売りが強まりそうなもので、実際直後はそうなったのだ

図表7-2　海外要人の介入批判（10年9月～11月）

9/17	ドッド米上院議員	日本の為替介入はブレトン・ウッズ体制に違反するもの
9/29	ストラスカーンIMF専務理事	通貨の価値は市場が決めるべきであり、為替介入は良いことではない
10/6	ガイトナー米財務長官	過少評価された為替を持つ大規模経済国が相場上昇を抑制すれば、他国に同様な行動を促してしまう
	ストラスカーンIMF専務理事	政策の武器として通貨を使うことは世界経済の回復にとって深刻なリスクをもたらす
	フラハティ・カナダ財務相	マーケットには為替介入に対する懸念が存在する
10/7	ゼーリック世界銀行総裁	黒字国は、輸出のために介入を実施する事を控えるべき
	フィッシャー・ダラス地区連銀総裁	為替介入は非常に危険なゲームだ。FRBはその危険なゲームには加わらない
10/13	ウェーバー独連銀総裁	為替介入は単独で実施すべきではない
11/10	メルケル独首相	通貨を人為的に引下げる政策は近視眼的であり、最終的にはすべての人々に害を及ぼす

が、結局ドル売り・円買いが優勢となった。その背景には、地震にともなう保険金支払いのためドルなど外貨資産を売却して円に換えざるを得ないという思惑に加え、95年1月17日の阪神淡路大震災の後にもドル／円は急落しているという連想もあったためである。しかし、財務省が民間企業へ緊急ヒヤリングした結果、そんな事実はなかった。生命保険会社も損害保険会社も一様に否定していた。

　という訳で、真犯人は投機筋ということが定説となっている。FX取引に参加していた個人投資家（＝投機筋）からも損失覚悟のドル売り・円買いが大量に出回った。そうだからと言って、この局面で投機筋を犯人扱いすることは間違いである。そもそも外為取引の内9割が資本と投機と言われており、モノの裏付けのある実需はほんのわずかである。ドル買い・円売りしてそのポジションを保有している投機筋などは、いつか必ず反対売買、つまりドル売り・円買いする。

　そして、もしその後相場が上がらなければ、いつかどこかの水準で損失覚悟

のドル売り・円買いをせざるを得ない。その日までのドル／円相場の戦後最安値が 95 年 4 月 19 日につけた 79.75 円だったのだから、ドル買い・円売りのポジションを保有している多くの投機筋などが 79.75 円あたりに損失覚悟のドル売り・円買いの差し値注文（逆差し値注文という）を設定することは自然だ。

　したがって、上値が重くなりじわじわとドル安・円高が進むにつれ、79.75 円近辺水準での逆差し値注文の金額はどんどん増えていくことになる。3 月 18 日のドル急落・円急騰は 80 円ちょうど、あるいは 79.75 円がワンタッチしたことで下の逆差し値注文が断続的に大量に執行されたからだ。つまり、資本と投機筋の投資行動はきわめて常識的であり、その結果としてのマーケットの値動きも正常である。このような急変動を齎した真犯人は投機筋ではなく、長い間 79.75 円以下の水準を阻止して、投機筋のロスカット（一定の損失が発生した際に、さらなる損失の拡大を未然に防ぐために、強制的に決済する制度）や逆差し値注文をその水準に集めさせた日本の通貨当局＝財務省その人なのである。だから、特定の水準を維持しようとする介入はしてはならないのだ。

同じメカニズムでスイスフランが大暴騰

　同じメカニズムが働いたのが 15 年 1 月 15 日に起きたスイスフランの歴史的な大暴騰である（スイス・ショック）。11 年 3 月 17 日のドル／円の急落などまったく比較にならない。たったの 20 分ほどで少なくとも 30％以上もの大暴騰は主要国通貨の変動相場制の歴史の中で最大だった。SNB（スイス中央銀行）は 11 年 9 月 6 日以降 3 年以上の長きにわたってスイスフランの上昇を阻止するため、対ユーロでの上限を 1 ユーロ＝ 1.2000 フラン水準に設定、無制限のユーロ買い・スイスフラン売り介入を行っていた。ところが当日、SNB が突然その介入を停止すると発表、巨額のロスカットや逆差し値注文が発動されて大暴騰にいたったのである（図表 7-3 を参照）。

　その変動幅は 30 〜 40％に達した。なぜこんな大雑把な幅だったのかというと、金融機関によってバラツキがあったことや、一時的にレートの提示をサスペンドしたところもあったためである。ユーロ／スイスの安値を 0.80 半ば、0.82

図表7-3　スイス・ショック（15年1月）

　前半、0.85台とするところもあれば、東京金融取引所では1.0074としている。スイス／円の高値では162円台前半、157円台半ば、あるいは東京金融取引所では139.21円としている。いずれにしても、短時間で変動幅があまりにも大きかったため、個人投資家の損失を肩代わりさせられて破綻に追い込まれたFX業者もあったくらいだ。

　SNBが11年に対ユーロでのスイス高を1.2000水準で阻止することを目的に介入を始めたことは理解できるとしても、1週間後にECBが量的緩和を導入することがほぼ確実視されていたにもかかわらず、それをマーケットに織り込ませまいと無制限介入を続けたことはどう見ても稚拙である。ダンティーヌSNB副総裁はスイスフラン大暴騰のわずか3日前に「1カ月弱前にあらゆる角度から状況を再評価したが、スイスフランの上限は今後も金融政策の基礎であるべきと確信している」と述べたていたのだ。IMFのラガルド専務理事は「（事前に）私に連絡がなかったのは驚きだ」と語っている。SNBはもっともっと早い時期にスイスフランの上限撤廃を決めるべきだった。この一件によって

SNB は筆者だけでなくマーケットからの信頼を失った。

ドル／円戦後最安値 75.32 円（11 年 10 月 31 日）
— 単独無制限介入

　11 年 3 月 18 日の協調ドル買い・円売り介入によって 1 ドル＝ 75 円割れは阻止したものの、戻りは 85 円がせいぜいで、その後再びドル安・円高傾向が強まっていった。7 月に 80 円を割り込んで 70 円台が定着すると、マスコミでは「"超"円高」という言葉が頻繁に使われるようになり、経済三団体（経団連・日本商工会議所・経済同友会）も揃って政府に対して円売り介入を強く要請していた。一方で輸出企業はこの傾向に対応して、不本意ながらも想定レートを徐々に 80 円レベルにまで引き下げ、実際ドル売り・円買いを躊躇しなかった。

　そして 8 月 1 日に 1 ドル＝ 76.29 円と、3 月 17 日につけた 76.25 円に大接近すると 8 月 4 日、財務省は 4 兆 5,129 億円の円売り介入に踏み切った。日銀も追加緩和を実施した。単独介入だったために介入金額は 10 年 9 月 15 日（2 兆 1,249 億円）の 2 倍以上、これは 75 円割れ絶対阻止のための「無制限介入」に限りなく近い。

　野田財務相は緊急記者会見で「無秩序・投機的な動きをけん制」と述べて、いつものことだが国民に対して超円高にしたのは投機筋だと、我々を悪者扱いしていた。海外各国は大震災直後だったからこそ 3 月 18 日に協調介入に参加したのであって、今回のこうした独りよがりの単独介入は当然批判されることとなった。トリシェ ECB 総裁は「介入は多国間の合意に基づいてなされるべきだ」と述べ、米当局者も「日本の為替介入を支持しなかった」ことを明らかにしていた。

　この単独介入は"三日天下"のようなものとなり、戻りが介入当日一瞬の 80.25 円が精一杯で、その後翌年 2 月中旬まで、結果として 75.00 円は割り込まないものの 80.00 円以上も行けないというほぼ 5 円幅でのレンジ相場が続いた。この頃経済界では大震災後の事業環境を「六重苦」と表現し、その 1 番

目に「円高の継続」を挙げていた（なお、デフレという言葉は入っていない）。新聞記事などマスコミが取り上げる経済ニュースはすべてと言っていいほど「超円高」を絡めたものだった。

　このように、市場が決めた1ドル＝75〜80円という水準が定着することで、日本社会がそれを受け入れる方向に向かうということにはならなかった。それは単にその期間が短過ぎただけだったと、筆者は判断しているが、当然政治は当時の経済界の悲鳴と圧力や国民世論、そして円高だと世の中暗くなるという社会的なムードをも取り込む。

　その具体策が10月31日に実施した前代未聞の文字通りの「無制限介入」だった。レンジ相場の下限75円割れを死守するために、実に8兆722億円を投じたのだ。当日早朝、東京オープン前のシドニー市場で75.32円と戦後最安値を示現して75.00円に大接近したからである（東京市場での安値は75.53円）。安住淳財務相のコメントでは「投機的な動きに断固たる措置を取った」と我々には聞き飽きた言葉に加えて「納得いくまで介入する」「相手の戦意をくじくまでとことんやらないと意味がない」とも、フレッシュなフレーズが追加されていた。

　金額の大きさに加えて、11月4日まで5日間も連続して介入した（残りの4日間は覆面介入）という点で、無制限介入は言行一致ではある。しかし、またしても欧米から批判され、ゴンサレスパラモECB専務理事は「単独為替介入は好ましくない」（10月31日）、米財務省のコリンズ次官補も「最近の外為市場は無秩序ではない」（11月7日）と述べて日本と異なる見解を示した。さらに、米財務省は12月26日に公表した半期の為替報告書の中で、日本の単独介入を支持しなかったと明言した。

　この5日間の円売り介入総額は9兆917億円となり、当時の年間の輸出額が65兆円ほどだったことから、この無制限介入はほぼ2カ月分の輸出によるドル売り・円買い需要を吸収したことになる。こうした需給関係を反映して10月31日のマーケットは異例な値動きを示していた。

　東京市場は介入警戒感からシドニー市場での安値から若干戻して1ドル＝75.60円でオープン。10時25分に介入が実施されるとすぐに79円台へと急騰

して当日の高値79.55円をつけた。おそらくこの局面での介入手法は速攻での「大規模ドル押し上げ」だったと思われる。そして正午頃に79.20円レベルに小緩むと、東京市場終了の午後3時頃までの3時間、値動きがまったくなくなり79.20円に張り付いた状態になってしまったのだ。相場が止まったのは出合いがなかったからではない。輸出企業など多くの市場参加者が79円台への戻りを"待ってました"とばかりにドル売り・円買いしたことに対して、財務省が79.20円の一本相場で無制限にドル買い差し値注文を入れてこれを引き受けたからである。

無制限に3時間もの差し値介入には初めて出会ったが、無制限は15年1月15日のスイス・ショックの二の舞になるので止めるべきとしても、介入の手法としてはこれが最善である。なぜなら、ドルが当局の差し値より下がると予想する人はその値で売るだろうし、上がると予想する人は当局と一緒に買うだろうし、マーケットの参加者が自らの勇気と決断によって売買することができるからである。この場合「相場材料を織り込む」というマーケットの機能は働いている。

実弾介入を総括・評価する

11年11月4日を最後に現在に至るまで実弾介入は実施されていないため、ここで実弾介入について筆者なりの総括・評価をしておきたい。参考とする基本情報は、財務省が91年5月13日以降の介入の詳細を公表している「外国為替平衡操作の実施状況」である。ただし、本書末尾に「付録」として掲載した「実弾介入の実施状況（91年以降の詳細）」で取り上げた介入は対ドルのみで、対ユーロなどは除外した。また、介入金額は円でのみの公表のため、売買レートを介入当日のレンジの半値と推定してドル金額を算出した。プラスはドル買い・円売り介入を表し、マイナスはドル売り・円買い介入を表す。

その結果得られた情報は以下の通りである。①ネットでの介入総額は74兆9,443億円、ドル換算で7,490.6億ドルとなった。したがって今保有しているドルロング／円ショートの平均値＝持ち値は1ドル＝100.05円となる。②ドル

買い・円売り介入はすべて125円以下であり、ドル売り・円買い介入はすべて125円以上である。

ここから得られる結論として最も問題なのは、ドルロングのポジションがいかにも大き過ぎることである。主にドル買い・円売り介入で積み上げた外貨準備高は1兆2,792百万ドル（19年1月末現在）という巨額なものとなっているのだ（図表7-4を参照）。110何円とかの相場水準でドルを売り戻せば利益が出ることになるが、いざ売ろうとした時にポジションが大き過ぎて実際どんなレートで売れるのか分からない。100.05円を下回るレートなら損失となって為替リスクが大きい。いずれにしてもポジションを減らさないと駄目だ。

介入手法については、「大規模ドル押し上げ・押し下げ介入」や「サプライズ介入」はマーケットを急変動させるため、やってはならない。マーケットに疑心暗鬼を起こさせる「覆面介入」も然り。ましてやIMF協定に違反するドル／円相場の水準を極端に引き上げたり引き下げたりすることを目的とする介入は、やってはならない。

例えば方向は逆だが、97年12月17日〜98年6月17日のドル売り・円買い介入した時期の相場水準は大体130円〜140円で、ドル／円の相場水準を引き下げることが目的のドル押し下げ介入だった。こうしたドルを押し下げる介入方法は必ずマーケットの変動を大きなものにするから、それを避けるため

図表7-4　外貨準備高の推移

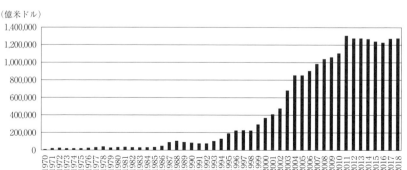

出所：財務省「外貨準備等の状況」より作成

に断続的な差し値による介入（スムージングオペレーション）で相場変動を滑らかにすべきである。例えば130.00円で数十億ドル、131.00円で数十億ドル、132.00円で数十億ドル…というふうに。何も140円以上になるまで待つ必要はない。

　また、ドル買い・円売り介入がほとんどということは、明らかに輸出企業の収益確保を目的としている。為替は相手のあることであり、それは相手国の輸出企業を不利にする。だから単独介入するたびに米国や欧州から批判されるのだ。安住財務相は国会で、単独介入が欧米から批判されていることについて当時野党だった自民党から質問されると「私の判断で必要であれば断固たる措置を取る」と答弁している（12年2月10日）。相変わらず日本は自分さえ良ければという発想から抜け出せないのだ。その意味で、介入をする時は必ず相手国の理解を得ての協調介入でなければならない。こうした日本単独の介入に対する海外からの度重なる批判をかわすために、また、円安志向の強い国民の支持を得て民主党から政権奪取するためにも、自民党が巧妙に導入した実弾介入以外の円安誘導政策が「異次元」の緩和政策だった。

第8章

円安誘導できないと日銀総裁の首も飛ぶ

　安倍自民党総裁は国民の円安志向を利用し、白川日銀総裁をバッシングすることで首相の座に返り咲いた。白川氏は『中央銀行』の中で当時の政治と円高と日銀の独立性の異常な関係を詳しく述べている。

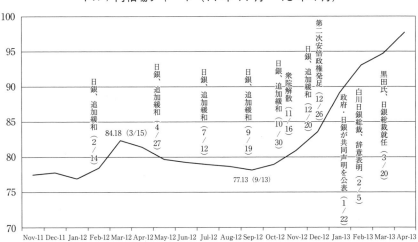

出所：日本銀行「時系列統計データ」より作成

白川日銀総裁は円安誘導のための金融緩和に必死に抵抗したが…

　12年に入り、ドル／円相場は75円という節目を割り込むことはなかったが、片や80円台を回復することもなく2カ月余りが過ぎた。この間1月25日に米FRBが超低金利政策を14年終盤まで続けることを決め、長期的な物価目標を2％と表明すると、政府・与党から日銀に対して一段の金融緩和を求める声が強まっていった。

　白川日銀総裁はこうした圧力を受けて2月14日、追加緩和策を決めた（バレンタインデー緩和）。その内容は、資産買い入れ等の基金を10兆円増額し65兆円とし、「中長期的な物価安定の目途」として公表することも決め、消費者物価指数の前年比上昇率で「当面1％」とした。この決定を受けドル／円相場は上昇に転じ、レンジの上限だった80円を突破して3月15日には84.18円の高値をつけた。しかし、何度か85.00円突破をトライしたが85.00円の壁は厚く、その後は再び下落基調となり80円割れ、半年後の9月13日には77.13円まで下落した。

　白川前日銀総裁が著した758ページにも及ぶ渾身の著書『中央銀行　セントラルバンカーの経験した39年』（東洋経済新報社、18年）は、"超円高"に対して金融政策を担う日銀はもちろんのこと、政治と経済がどう対応したかを知る上で貴重な資料だ。それを読んでも2月14日の追加緩和は、白川日銀が1ドル＝75円割れを阻止しようとする政治の圧力に抗しきれず、ついに屈服した決定だったと判断せざるを得ない。政治VS日銀の前哨戦は09年からすでに始まっていたことを、白川氏は以下のように告白している。

> 　企業経営者や政府・政治家、マスコミが日本銀行に対して求めていたのは、直接的に円高傾向に歯止めをかける、あるいは円安方向に誘導することを目的とした金融政策であった。（中略）少なくとも、金融緩和に直接的な円高抑制効果があるかのように強調することはしなかったが、マスコミやエコノミストが直接的な効果を宣伝した際に、やむをえないと割り切った時もあった。特に、2009年12月に固定金利型の共通担保資金供給オペを導入した時や、10年10月の『包括

緩和』の導入の際には、そうした判断要素が他の金融緩和措置を決定した時に比べて相対的に大きかったかもしれない（458ページ）。

12年になるとこうした圧力はエスカレートしていったのだが、直接の当事者である白川日銀総裁がどう感じていたのか、ご本人の言葉を聞いてみよう。

> 国会の委員会でも与野党を問わず多くの議員から『日本銀行はなぜインフレーション・ターゲッティングを採用しないのか』、『なぜ、もっと積極的な金融緩和策を実行しないのか』と激しい批判を受けるとともに、政府との間で政策協定（アコード）を締結することを求められた。その過程では、もし日本銀行が大胆な金融政策を採用しない場合には、日本銀行法の改正を行うという恫喝的発言が繰り返された。私が国会の委員会に参考人として呼ばれる日数も際立って増え、12年2月は9日にものぼった。委員会では、私の答弁中、議員からのかつてないほどの激しい野次が飛び交っていた（529～530ページ）。

2月14日の追加緩和が政治の圧力に屈した決定だったと判断されるのは、2月20日の白川総裁会見でも確認できる。「このところ内外経済に明るい兆しが出始めていることも見逃せません。欧州債務問題を巡る国際金融資本市場の緊張は、昨年末頃に比べると幾分和らいでいます。米国経済では、バランスシート調整の重石はあるものの、このところ雇用情勢などに改善の動きがみられています。国内に目を転じても、公共事業と民間需要の両面で震災復興関連の需要が動き出していますし、昨年の震災後の支出抑制の反動もあって、このところ個人消費が底堅さをみせています」と、超円高であっても日本経済自体はしっかりしていることを強調していたからである。つまり、追加緩和の必要性は円高阻止以外にはまったくなかった訳で、為替を金融政策の目的としたくなかった白川総裁が、日銀の独立性だけは死守しなければならないとの強い決意の下での苦渋の決断だったのである。

白川氏の日銀総裁時代（08年4月～13年3月）は円高が進行し、"超円高"と言われた時代と完全に一致することから、為替に対して直接責任がある訳ではないが、日銀総裁という立場で円高をどのように捉えていたか、そして緩和強化とグローバルな金融市場との関係をどう見ていたか、氏の発言から確認す

図表 8-1　白川日銀総裁の円高に関する発言内容（09〜11 年）

09/1/22	円高は長い目で見て交易条件改善を実現、直接投資の採算にもプラス
09/9/17	円高は短期的にはデフレ的圧力だが、中長期的には経済を押し上げる力もある
09/12/24	金融面での不均衡の蓄積に目を配ることも忘れてはならない
10/4/7	緩和長く続くと、景気の不均衡もたらして大きなショックをもたらさないかが大事な論点
10/9/8	円高は経常収支黒字で純債権国であることも一因。円高は短期的に企業マインド悪化、長い目では交易条件改善などの面ある
10/10/13	経済不均衡評価のため、中銀は独立している必要
10/11/4	為替レートの伸縮性を欠く場合、経常収支不均衡の調整を遅らせる可能性
10/11/29	金融・為替政策のグローバルな波及経路を意識する必要。円高はやや長い目で見て、日本の実質所得増加につながる効果も
11/2/7	日銀も量的緩和採用時に円キャリーの輸出と批判された
11/2/15	円高が交易条件悪化を一定程度相殺している面ある
11/3/1	現在の円の水準は日本経済にとって追加的なリスクファクターとはなっていない。世界経済や国際金融市場の不確実性高まれば円がさらに買われる可能性
11/4/15	円の上昇はキャリートレードの巻き返し

ることができる（図表 8-1 を参照）。

　白川氏は『中央銀行』の中で「円高論者」でも「円安論者」でもなかったとわざわざ断っているが（456 ページ）、以上のような発言から、国民に円高のポジティブな面を意識してもらうよう促しながら、金融緩和が手助けする円キャリートレード拡大による不均衡造成だけは避けたい、という日銀総裁としての強い意志が読み取れる。少なくとも円安志向ではなかった。そんな白川総裁の姿勢が気にくわなかったのだろう、世間の白川バッシングは強まる一方で、11 年半ばからは筆者が注目した発信は見受けられず、総裁退任まで円高については硬く口を閉ざしたようだ。

　白川総裁は『中央銀行』の中で、「日本では為替市場介入の権限は中央銀行にはなく、政府（財務大臣）に属している。為替介入が行われる度に、新聞等に『政府・日本銀行による為替市場介入』という見出しが躍ったが、正確には『政府による為替市場介入』である」（451 ページ）と、為替についての責任は日本銀行にないことを端的に説明している。こんなところにも「円高は日銀のせい」

とする世論に対して白川氏が日銀総裁時代に相当苦々しい思いでいたであろうことが窺われる。「国民の平均的な声が反映されるはずのマスコミ世論も円高に対する悲鳴一色になるのは日本の悲劇だと思う」(446ページ)のは、筆者も同感だ。

超円高の責任を日銀に被せて政権奪取

　ドル／円相場が12年3月15日の高値84.18円から下落し始めると、1万円超えだった日経平均株価も連動して円高・株安の様相を濃くしていった。また、それまで堅調だった景気も息切れし、政府は8月から11月まで4カ月連続で景気判断を引き下げた。そんな中、6月26日に消費増税関連法案が衆院で可決されたが、与党・民主党から大量の造反が出て民主党が分裂状態になると、その頃から政権党である民主党は国民の支持を失っていった。追い込まれた野田首相は8月8日、自公党首に「近いうち」の衆院解散を表明して8月10日に増税法案が成立、ようやく11月16日解散ということになった。

　そこで野党第1党だった自民党が争点にしたのが、円高是正策＝大胆な金融緩和だったのだ。日銀は2月14日の追加緩和に続いて、4月27日、7月12日、9月19日、10月30日、12月20日と、12年だけで6回連続して「資産買い入れ等の基金」を101兆円まで拡大するなど緩和を強化してきた。しかし、自民党はそれでは不十分だというのだ。自民党は2月14日の追加緩和が一時的にせよ円安誘導に効果があったことに着目、欧米の緩和が続く中でもそれよりスケールの大きい大胆な金融緩和策を打ち出せば円安誘導に効果があると確信したようだ。

　白川日銀総裁は為替を目的とした金融政策は非常に危険だという確固とした認識を持っていたため、当時の安倍自民党総裁の姿勢を次のように厳しく批判している。

　　当時野党党首であった自民党の安倍晋三総裁は選挙中、かなり過激な表現を使って日本銀行に対し大胆な金融緩和の実施を要求するとともに、具体的な為替

レートの水準に言及しながら円安誘導発言を行った。(中略) 私の記憶では、先進国で中央銀行の金融政策運営がこのような露骨なかたちで選挙の争点となったことはなかった。そうした例がなかったというより、これまでは『金融政策の政治化』を避けるというのが政治の知恵だった。それが突然吹き飛んだ(『中央銀行』548 ページ)。

そして 12 年 12 月 26 日に第 2 次安倍政権が発足すると、早速 13 年 1 月 22 日には「デフレ脱却と持続的な経済成長の実現のための政府・日本銀行の政策連携について」という共同声明が発表されることとなった。その声明文の作成に当たっては、白川総裁は日銀の独立性を守るため、並々ならぬ決意と強い意志を持って臨んでいた。

「目標物価上昇率は 2% としたが、無条件でこの数字を掲げることは拒否し〜」(『中央銀行』556 ページ)「日本銀行は 2 年という期限を設定して 2% 目標を達成するという金融政策を行うことだけは絶対に受け入れられないという立場で臨んだ」(同、556 ページ)「これは日本銀行として絶対に譲歩できない〜」(同、557 ページ)「何としても回避する義務があり〜」(同、557 ページ)「共同声明は『2 年、2%』を要求する凄まじいまでの圧力の中で〜」(同、557 ページ)「共同声明公表前の 3 カ月ほどの間は、金融政策論議の政治化という先進国では通常考えられないような異常な状態であった」(同、558 ページ)。

共同声明発表後も安倍首相の暴走は、以下のように続いた。

> 国会の委員会では多くの質疑が行われた。〜政府サイドからは「デフレは貨幣的現象である」という、文書では一切使われていないことばがしばしば使われた。たとえば、安倍総理は 2 月 7 日の衆院予算委員会において〜安倍総理からは「目標達成は日本銀行の責任である」という発言が繰り返された。これに対して私は〜共同声明の文章の表現を正確に引用しながら発言するように心がけ、『2 年』などの具体的な達成期限はいっさい口にしなかった(『中央銀行』563 〜 564 ページ)。

こうした政府からの理不尽極まりないバッシングを一身に浴びながら、それに対して必死の抵抗を試みながら、白川総裁は 2 月 5 日に首相官邸を訪れ、4

月8日の任期満了を待たずに3月19日に日銀総裁の職を辞することを安倍首相に伝えた。ドル／円相場の方はというと、年末にかけて安倍自民党総裁が「（日銀が2％の物価目標を設定しなかった場合）日銀法を改正してアコードを設ける。雇用についても責任を持ってもらう」とか「円高を是正するのは政府・中央銀行の使命」といった発言をすると、85円を上抜け、13年に入っても騰勢は続いた。

円は安全通貨だから買われるのではない

　話はやや逸れるが、白川日銀総裁が円をスイスフランと同様に世界の「安全通貨」と決めつけていることは誤解を招くと思う。マスコミもエコノミストに倣って「リスク回避から安全通貨（または安全資産）である円が買われた」などと円の枕詞として使用することが多い。この時使われる「安全」という言葉はかなり漠然としていて、あえて理屈を探すとすれば、日本の対外純資産が世界最大だということくらいである（図表6-5　主要国の対外純資産を参照）。18年末のそれは341.5兆円で、28年連続世界最大の対外債権国の座を維持している。なお、資産の中には主にドル買い介入で積み上げてきた外貨準備140兆円ほどが含まれている。また、米国は対外純債務が1,076.9兆円と引き続き世界最大の純債務国である。

　しかし、そもそも日本の防衛・軍事は米国に恃むところが大きい訳だし、少子高齢化は進み、財政赤字も大きい。それに自然災害は頻発するし地震大国でもある。このように日本は決して安全ではないので、「安全通貨」という言葉は永世中立国のスイスフランには当てはまっても、日本には当てはまらない。使うべきではない。

　「安全通貨の円が買われた」と解説されるときは必ず、内外で何か大きなショックが起きた時だ。例えば記憶に新しいところでは世界同時株安、パリバ・ショック、リーマン・ショック、ギリシャ・ショック、チャイナ・ショック、ブレグジット国民投票、米大統領選、北朝鮮の核実験、阪神淡路大震災、東日本大震災、等々である。そしてショックが起きると金融リスクが大きくなっ

たために円を買うのだが、決して新規に円買いしているのではなく、それまで売っていた円を買い戻しているのである。

　超低金利で借りた円を売って、ドルなど金利の高い通貨を買い、投資して運用することを「円キャリートレード」というが、平時はこうした取引が行われやすい。しかし、リスクが高くなるとこの取引を解消・巻き戻すことによって円が買われることになるのだ。円キャリートレードの運用対象が世界の株式市場や原油などの商品市場だったり、広い意味では外貨預金や外債投資なども含まれるため、世界のどこかでリスクが高まると円キャリートレードを縮小せざるを得なくなり、借りていた円を返済するために外貨を売って円を買うのである。

　分かりやすく単純に具体例を上げると、超低金利の円を借りる→その円を売ってドルを買う→そのドルで米国株を買う→何らかの理由でその株が急落したので売却せざるを得なくなる→売却して得たドルを売って円を買い戻す→その対価で借りていた円を返済する。結果、ドル／円相場が下落することになる。もし円キャリートレードの運用対象が英国株であれば、その巻き戻しでポンド／円相場が下落することになる。こうした取引が長年世界中に広まってしまったために、今の外為市場の動きは昔と違って円キャリートレードの拡大と解消が支配している。単純なドル高ないしはドル安相場という相場展開がほとんど見られなくなったのはそのためである。この取引を支えているのは日本の超緩和政策と口先介入などの円安誘導政策であることは言うまでもない。

　特に円キャリートレードが大規模に巻き戻されるときは、ドル／円とクロス／円の下落が激しくなるので注意したい。ポンド／円のケースを例に説明する。大量のポンド売り・円買いが出回るときは、ポンド／円の市場規模がそれほど大きくないため、ポンド売り・ドル買いとドル売り・円買いを同時にバラしてカバーすることになる。この時ポンド／ドル相場ではドル高となるので、ドル／円相場でもドル高・円安になるだろうと安心していると、突然ドル／円相場が急落して足元をすくわれることがあるのだ。ポンド／円だけでなくユーロ／円や豪ドル／円なども同時に売られるときは、いっそうドル／円の下げがきつくなる。典型事例として、08年9月のリーマン・ショックのときはドル

／円が急落し、同時にユーロ／ドル、ポンド／ドル、豪ドル／ドルも急落して、円全面高となった。

　以上は、分かりやすく説明するために外的なショックが円キャリートレードの巻き戻しを引き起こすケースを取り上げたが、反対に第6章で解説したように円安がピークを打って円キャリートレードの自律的な解消が株式市場の急落などショックを引き起こすケースも多々ある。つまり、外為市場での円安から円高への転換が先に起きて、それがリスク回避の動機となり、株を売らざるを得なくなるということである。円安誘導こそがグローバルな不均衡＝バブルを造成したことに鑑みれば、ショックはあくまでもきっかけに過ぎず、根本的には円安が是正されることで不均衡も是正され、すなわちバブル崩壊に繋がるという仕組みだ。

第9章

異次元緩和で円安誘導

　黒田日銀総裁が放った「バズーカ砲1〜3」は95年の為替実弾介入手法をお手本にしたものだ。やがて弾切れになると政府は秘密兵器を登場させた。菅官房長官が考案した円安誘導政策の知られざる最終秘密兵器とは？

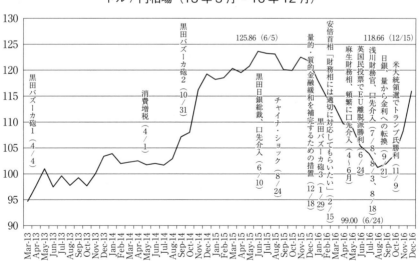

出所：日本銀行「時系列統計データ」より作成

黒田バズーカ砲１

　白川日銀総裁退任後、13年3月20日に黒田東彦日銀総裁が誕生したが、その頃までに円安・株高を促す第二次安倍政権のアベノミクスはすでに始動しており、ドル／円相場は95.00円を突破、日経平均株価も１万2,000円台を回復していた。当時の筆者はこれほど強力に円安・株高が進むとは予想していなかったが、立場を変えて見ると、それだけ多くの国民が長い間円安を待望していたことの現れでもある。この間の円安については、貿易赤字が定着し経常収支が赤字になったことも材料視されていた（図表9-1を参照）。また、あくまでも個人的な推理ではあるが、中国など海外の通貨当局が日本の政治と金融情勢が大きく転換したと判断し、外貨資産に占める円の比率を引き下げた可能性もあるだろう。

　黒田氏は3月4日、国会での日銀総裁候補としての所信聴取で、白川日銀

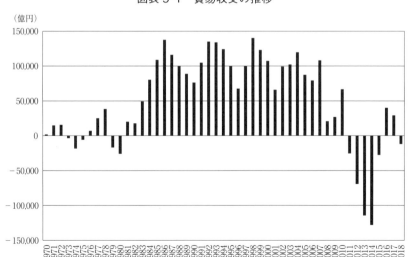

図表 9-1　貿易収支の推移

出所：財務省、貿易統計

の金融緩和では不十分と批判。「あらゆる手段を講じて」「2年くらいで2％の物価上昇率目標を達成することを念頭に大胆に金融緩和していく」と主張して、早速4月4日、日銀総裁就任後最初の決定会合で大胆な金融緩和策を実行に移した。これは黒田氏のかねてからの持論であり、安倍首相の主張を実行した形でもある。「異次元緩和」「黒田バズーカ砲1」とも言われている。

　一応その内容を日銀発表で確認しておくと、「量的・質的金融緩和」の導入について、「消費者物価の前年比上昇率2％の『物価安定の目標』を、2年程度の期間を念頭に置いて、できるだけ早期に実現する。このため、マネタリーベースおよび長期国債・ETF（上場投資信託）の保有額を2年間で2倍に拡大し、長期国債買入れの平均残存期間を2倍以上に延長するなど、量・質ともに次元の違う金融緩和を行う」というものである。

　黒田日銀総裁は記者会見で「これまでとは次元の違う金融緩和だ。戦力の逐次投入はせず、必要な政策はすべて講じた」と、フリップを使いながら白川前総裁との違いを明確にしていた。「2年で2倍、2％」という分かりやすい謳い文句も国民受けした。総裁の表情は自信に満ち溢れていた。これは白川前日銀総裁が必死に抵抗した内容だったこともあり、マーケットの予想を大きく上回るサプライズとなった。このサプライズ効果はこれまでの大規模実弾介入をも上回るほどで、ドル／円相場はわずか1カ月後に100.00円を突破、日経平均株価も15,000円超えと、円安・株高が顕著となった。

　このサプライズ戦略は、95年大蔵省国際金融局次長として上司の榊原英資局長から実践を通して学び取った、為替実弾介入の新手法＝「サプライズ介入」をお手本にしたものだ。サプライズとなるようなイベントを作って相場を動かすという戦略は後々、マーケットとのコミュニケーションを損なうとして黒田総裁も各方面から批判を浴びることになるのだが、「サプライズ介入」と同じ運命を辿ることは必然の結果だ。

　その後、日経平均株価が大暴落したり（13年5月23日に1,143円安の1万4,483円98銭）、ドル／円相場が急落したり（13年6月13日に93.79円まで）、あるいは国債市場が急落したりと、一時マーケットが不安定になると市場との対話が問題視され、6月19日の国会で黒田総裁は「量的質的緩和について誤

図表 9-2　第 2 次安倍政権発足以降の日本銀行の金融政策をめぐる動き

12/12/26	第 2 次安倍政権発足
13/1/22	日本銀行が物価安定の目標を導入、政府・日本銀行が共同声明を公表
13/3/20	黒田東彦総裁、岩田規久男・中曽宏副総裁就任
13/4/4	量的・質的金融緩和（QQE）の導入 ・操作目標を短期金利（コールレート）からマネタリーベースに変更 ・マネタリーベースの拡大ペースを年間約 60 〜 70 兆円に ・長期国債の残高増加ペースを年間約 50 兆円、平均残存期間を 7 年程度に ・ETF の買入額を年間約 1 兆円、J-REIT の買入額を年間約 300 億円に
14/10/31	量的・質的金融緩和の拡大（追加緩和） ・マネタリーベースの拡大ペースを年間約 80 兆円に ・長期国債の残高増加ペースを年間約 80 兆円、平均残存期間を 7 〜 10 年程度に ・ETF の買入額を年間約 3 兆円、J-REIT の買入額を年間約 900 億円に
15/4/30	物価目標の達成時期を延期（1 回目：2015 年度を中心とする期間→ 2016 年度前半頃）
15/10/30	物価目標の達成時期を延期（2 回目：2016 年度前半頃→ 2016 年度後半頃）
15/12/18	QQE を補完するための諸措置（長期国債の平均残存期間を 7 〜 12 年程度に、年間約 3,000 億円の ETF 買入枠の新設等）
16/1/29	マイナス金利付き量的・質的金融緩和の導入 ・日本銀行当座預金の一部に▲ 0.1％の付利
	物価目標の達成時期を延期（3 回目：2016 年度後半頃→ 2017 年度前半頃）
16/4/28	物価目標の達成時期を延期（4 回目：2017 年度前半頃→ 2017 年度中） 熊本地震被災地金融機関支援オペを導入
16/7/29	金融緩和の強化（ETF の買入額を年間約 6 兆円に）
16/9/21	QQE 導入以降の政策効果等について「総括的な検証」を公表
	長短金利操作（YCC）付き量的・質的金融緩和の導入 ・短期政策金利：日本銀行当座預金の一部に▲ 0.1％の付利 ・長期金利操作目標：10 年物国債金利がおおむね 0％程度で推移 ・物価目標達成までマネタリーベース拡大方針を継続（オーバーシュート型コミットメント） ・長期国債の残高増加ペース目標を「めど」に格下げ、平均残存期間の定めを廃止
16/11/1	物価目標の達成時期を延期（5 回目：2017 年度中→ 2018 年度頃）
16/11/17	長期金利操作目標を維持するための指値オペを初実施（その後、2017 年 2 月 3 日、7 月 7 日、2018 年 2 月 2 日にも実施）
17/7/20	物価目標の達成時期を延期（6 回目：2018 年度頃→ 2019 年度頃）
18/3/20	雨宮正佳・若田部昌澄副総裁就任
18/4/9	黒田総裁再任
18/4/27	物価目標の達成時期に関する記述を廃止
18/7/31	政策金利のフォワードガイダンスを導入

出所：国立国会図書館『調査と情報 — Issue Brief — 』No.1007（2018.5.24）より、一部修正

図表 9-3　黒田日銀総裁の物価・景気見通しと経済状況（14 年）

4/8	物価目標の達成へ「確信を持っている」「現時点では追加的な緩和は考えていない」
4/30	「必要になれば、躊躇なく調整を行う」
5/21	「初期の効果を発揮している」
5/24	日本経済新聞とのインタビューで「景気は夏以降に再加速する」との見通しを示した。
6/13	「夏場以降反動減の影響が減衰していき、次第に潜在成長率を上回る成長経路に復帰する確度が高い」「2015 年度を中心とした時期に、『物価安定の目標』である 2%に達する可能性が高い」
7/15	「来年度を中心とする期間に 2%に達する可能性が高い」
8/8	「景気の前向きな循環は維持されている」「年度後半から物価上昇が再加速する」
8/13	4〜6 月期実質 GDP 速報値、消費増税後の駆け込み需要の反動で前期比年率 6.8%減。
9/4	「（成長率が）昨年 4 月の予想より若干下振れている」「景気の前向きな循環は維持している」
9/8	4〜6 月期実質 GDP、年率 7.1%減に下方修正
10/1	約 6 年 1 カ月ぶりに 1 ドル＝110.00 円を突破。夏場を過ぎて黒田総裁が予想したような景気の再加速は起きず、年内の追加緩和は不可避との予想が強まる中、一方の米国では利上げが早まる可能性が高まり、9 月の FOMC で金融政策正常化の方針と計画が公表されたことからドル／円相場は動意を見せ始め、一気に 105.00 円を上抜け一時 110.00 円を突破した。
10/6	榊原定征経団連会長は「これ以上、円安にふれるのは日本全体として好ましくない」「さらに円安になると、中小企業や地方でマイナスの影響が顕在化する」と、円安加速に警戒感を示した。
10/7	「所得と支出の前向きな循環を維持している」国会では「ファンダメンタルズを反映した形の円安なら全体としてみて、景気にはプラス」と発言。
10/8	米国での講演で「経済回復続く」と慎重論に反論。
10/16	参院財政金融委員会で「経済や金融の実態を反映した円安は全体として景気にプラス」と円安容認。
10/21	政府による 10 月の月例経済報告で基調判断を 2 カ月連続で引き下げ。
10/31	9 月の物価上昇率、黒田総裁が「割れることはない」と断言していた 1.0%まで下がった。9 月の実質消費支出、前年同月比 5.6%減。勤労者世帯の実収入は実質で前年比 6.0%減。

解や混乱を招いた面があったとすれば遺憾だし、反省している」と反省の弁を述べる事態に追い込まれた。

　この時期を乗り越えると実体経済も徐々に回復し、政府は7月23日に「自律回復の動き」と判断、日銀も9月5日に「前向きな循環メカニズムが働いている」として景気判断を2カ月ぶりに上方修正した。前年同月比でマイナスだった消費者物価指数もプラス圏に浮上して上昇傾向を示すようになった。

　しかし、このような「好循環」は異次元緩和の効果が最大限発揮された結果という訳ではなかった。実は14年4月1日からの消費増税（5%から8%に引き上げ）前の駆け込み需要に過ぎなかったのだ。その反動を先取りする形で14年1月～2月には再び株価が急落する場面もあった。また、民間エコノミストの物価予測は消費増税実施前の駆け込み需要が剥落すると上昇率が鈍るとの見方が大勢となった。それも当然のことで、それまでの物価上昇は円急落に負うところが大きかったために、ドル／円相場が13年11月頃から14年8月までほぼ100.00～105.00円のレンジで膠着したのでは円安の物価押し上げ効果がほとんど消滅してしまうのだ。

　その後、黒田日銀総裁の物価・景気見通しはあくまで強気で、かなりいい加減なものだった。「黒田バズーカ砲1」を否定されたくない気持ちがそうさせたのだろう。図表9-3に示したように14年春からの状況を確認すると、黒田総裁の景気などの判断と実体経済の乖離は目を覆うばかりだ。断りのない黒田総裁の発言は、いずれも当日の金融政策決定会合後の記者会見でのものを示す。

黒田バズーカ砲2

　このように「黒田バズーカ砲1」の失敗が次々と明らかになると、黒田総裁は14年10月31日「黒田バズーカ砲2」を放ったのである。図表9-3の中にある円安容認発言でも分かるように、一段の円安誘導を目的としたことは明らかである。この日の記者会見でも黒田総裁は前回の緩和時と同じく自らパネルを掲げて、上場信託などの買い入れを「3倍」、国債購入ペースを「30兆円拡大」など「3」をキーワードにポイントを解説していた。

「黒田バズーカ砲2」と言われる理由は、マーケットに対して3つのサプライズがあったからである。「黒田バズーカ砲1」に続いて為替実弾介入の「サプライズ介入」「イベント介入」と同様の手法を使ったのだ。①黒田総裁は決定会合の直前である10月28日に参院財政金融委員会に出席し、13年4月からの緩和策は「順調」と言い張ったことから、さすがにマーケットは今回も現状維持との見方が大勢だった。②10月29日に米国が量的緩和を終了したたった2日後のタイミングでの日本の追加緩和だった。③同日にGPIF（年金積立金管理運用独立行政法人）が運用比率見直しを公表した。国内債券をこれまでの60％から35％に引き下げ、国内株式を12％から25％へ引き上げ、外国株式を12％から25％へ引き上げ、外国債券を11％から15％へ引き上げるというもので、国内運用から海外運用へのシフトが格段に大きくなった。

サプライズの①と②で今後日米金利差の拡大が見込まれ、③によって国が実際大量の外国株・債券購入に動くというのだから、一般の市場参加者がGPIFに便乗しない手はない。一時小緩んでいたドル／円相場は110円をクリアし、11月には115円をも突き抜けて、あれよあれよという間に12月には120円台乗せに成功した。「黒田バズーカ砲2」はドル／円相場を10円以上押し上げる効果があったわけだ。その実態は、サプライズを作り、利下げと同時に大規模ドル押し上げ・円売り介入を実施した95年の「榊原介入」そのものである。

14年7月頃に1バレル＝100ドルほどだった原油価格が15年1月に半値の50ドルまで暴落すると、それが広く金融市場にも影響し、ドル／円相場が急落して日経平均株価も急落、1月2日にECBが国債を大量に買い入れる量的緩和を決定したこととも重なって、世界的な長期金利の低下も招いた。そして黒田総裁が物価上昇率2％を約束した2年という期限＝15年4月4日が近づいてきた。しかし、2％は遥か彼方だ。すると黒田総裁はこれまでの2発の「バズーカ砲」着弾の失敗を原油価格急落のせいにしてしまった。

黒田総裁は14年11月19日の金融政策決定会合後の記者会見で「原油のみならず1次産品価格が下落しており、物価上昇率が1％を割ることもありうる」とし、14年12月19日の同じく会見では「来年前半は（原油安で）物価上昇率が加速していくとは考えにくい」と発言。さらに15年1月21日の同

じく会見では「消費者物価の見通しは、昨年10月の展望レポートと比べると、原油価格の大幅な下落の影響から、2015年度にかけて下振れている」といった具合だ。安倍首相を始め岩田規久男日銀副総裁などは「デフレは貨幣的現象」と言い張っていただけに、この時期の原油価格急落は異次元緩和政策失敗の言い訳に使うのに格好の材料だったのだ。

黒田総裁は15年2月18日〜5月22日までの間に行われた5回の決定会合後の記者会見で「物価の基調は確実に改善している」と事実に反する発言を繰り返す一方で、「必要になれば躊躇なく調整を行う」とも語り、一体全体日銀は追加緩和するのかしないのか、異次元緩和は完全に失敗したのにまだ続けるのか等々、日銀に対するマーケットの不信感は日増しに深まっていった。そんな中、5月22日に米FRBのイエレン議長が利上げを示唆する発言をすると、ドル/円相場は急騰し6月5日に125.86円の高値をつけた。

黒田日銀総裁が口先介入 ─ 米国が1ドル＝125円以上のドル高を容認せず？

結果的にこれが異次元緩和開始以来の高値になるのだが、それまでの上昇相場を作ったのも、それに終止符を打ったのも黒田日銀総裁だった。15年6月10日、黒田総裁は衆院財務金融委員会で民主党の前原誠司氏の質問に対して次のように答えた。

> 為替の水準の評価ということについては、具体的な評価は私から申し上げるのは差し控えたいと思いますけれども、一般的、理論的に申し上げますと、実質実効為替レートがここまで来ているということは、ここからさらに実質実効為替レートが円安に振れていくということは、普通考えるとなかなかありそうにないということかと思います。これは、最近、伊藤隆敏教授などもさまざまなところで触れておられます。ただ、これはあくまでも長期的な傾向からみてそうではないかという話ですので、これからのドル・円レートとか、これからの実効為替レートがどのように動くかということに対する確定的な予測を示すものとは思われないわけでございます。

為替に関する権限と責任は日銀ではなく財務省にあるのだが、その直接の担当者である財務官はここ数年影が薄く、実質的には黒田総裁に取って代わられたようだ（黒田総裁は1999年7月8日〜2003年1月14日、財務官）。「申し上げるのは差し控えたい」と断っておきながら平気で予想を述べるのは、信用第一のバンカーにあるまじき行為であり、また、これほどまでの円安を放置しておきながら、これ以上の円安はないというのは"異次元"の人ならではの発言だ。そして、これもまた昔の上司を見習ったものである（第4章で解説した97年5月8日の榊原国際金融局長による国会での「103円発言」）。

　黒田総裁がこのような確信犯的な発言をしたことについて、ここに至る数カ月間、市場には"さもありなん"というような雰囲気はあった（図表9-4を参照）。

　そこから黒田総裁が口先介入した事情を非常に大胆に推理してみると、日米ともにドル高・円安の悪影響が無視できなくなったことから、両国首脳間でこれ（1ドル＝125円）以上のドル高・円安を容認しないことで秘密合意。安倍首相が黒田総裁に国会の場で口先介入するよう指示し、前原氏もあうんの呼吸でこれに応じたのではないか。

　黒田総裁が言及した実質実効為替レート指数は15年6月に67.85を記録。これは72年8月（67.79）以来の円安水準だ。当時は変動相場制移行前のスミソニアン合意（71年12月18日）で決めた1ドル＝308円がセントラル・レートだったから、15年6月頃の相場水準は当時の1ドル＝300円くらいのイメージだ（図表6-4　実質実効為替レート指数と実際のドル／円相場を参照）。

　その意味するところは、黒田総裁は異次元緩和によって、この42年間の変動相場制の歴史をたった2年間そこそこでひっくり返してしまったということである。つまり、プラザ合意の意義を踏みにじり、アジア危機やリーマン・ショックの反省も忘却してしまったのだ。仮に異次元緩和がどうしても必要だったとしても、ある水準を越えてはならない円安だと認識すればドル売り・円買い介入によって円安是正は容易に可能だったはずだ。財務省はそうしたときのためのドル買い・円売り介入だと説明していたのだから。

　第7章で取り上げた介入実績の分析結果を思い出していただきたい。財務

図表 9-4　黒田日銀総裁による口先介入の背景（15 年）

3/18	米 FOMC 声明	ドル高が輸出と物価上昇を鈍らせている
4/13	浜田内閣官房参与	購買力平価からすると 120 円はかなり円安、105 円くらいが妥当
4/16	米地区連銀経済報告（2 月中旬から 3 月末まで）	ドル高、製造業の重荷に
4/29	米 FOMC 声明	米景気減速は一時的
5/20	米 FOMC 議事要旨（4/28 ～ 29 開催分）	原油安とドル高の影響で米経済の直近の弱さが継続する恐れ
5/26	菅官房長官	円安は急激な変動には見えていない
5/28	麻生財務相	ここ数日の円安の動きは荒い
5/29	麻生財務相	為替の議論は G7 会議では出ていない
	甘利経済再生担当相	過度な円安というところまで行っていない
5/30		米 1 ～ 3 月期 GDP 改定値、年率換算前期比 0.7% 減
6/2	黒田日銀総裁	世界経済情勢について首相と話した。為替について首相と話さなかった
	ブレイナード FRB 理事	ドル高が輸出を阻害する状態はしばらく続く可能性。ドル高が内需により大きな影響を及ぼす可能性。ドル高の影響により金利正常化が遅れる可能性
6/3	米地区連銀経済報告（4 月初めから 5 月下旬まで）	ドル高製造業に悪影響
6/4	原田日銀審議委員	過度の円高は修正された
6/5	三村日商会頭	これ以上の円安望まず
6/7	日本経済新聞の記事	外債投資見合わせ、明治安田や日生　足元の円安受け
6/8		仏政府筋の話として、オバマ米大統領が「ドル高は問題」と発言したとの報道。オバマ大統領「ドル高への懸念について言及していない」、G7 サミット閉幕
6/9	甘利経済再生担当相	急激な為替の変動は経済にプラスに働かない、今後の動向を注視
6/10	甘利経済再生担当相	黒田総裁との「雑談」を披露、「自分の発言が市場に大きな影響を与えてしまったが、それはまったくそんなことを考えて言っているわけではない」「あれは黒田バズーカ第 3 弾ではない」と話していたことを明らかにした

省は 1 ドル = 125.00 円以上でドル買い介入したことはなく、ドル売り介入したのはすべて 125 円以上だったことである。黒田総裁の口先介入の背景に 125 円以上のドル高を容認しない米国の意向があったとしても何ら不思議ではない。

それからしばらくして 15 年 6 月中旬以降、中国景気の減速不安が強まり中国の株式市場が下げ足を速めると 8 月 24 日には世界同時株安となった。上海総合指数は 298 ポイント安、日経平均株価は 895 円安、ドイツ DAX は 476 ポイント安、ニューヨークダウは 588 ドル安、原油価格も急落した。そしてドル／円相場は 122.12 円から 116.15 まで暴落したのだ。

この日の「チャイナ・ショック」は円キャリートレードの大規模な巻き戻しが 1 日で出現した形であるが、元を辿れば 6 月 10 日の黒田日銀総裁の口先介入が誘発した可能性が高いと考える。世界の円キャリートレーダーが「日本の当局はこれ以上の円安は容認しない」と思い始め、それが少しずつマーケットに浸透し、少しずつ円キャリートレードを解消していった結果、各種相場がじりじりと下げ始め、ついに 8 月 24 日の暴落を迎えたと考えることができるからである。

誰も想像がつかないだろうが、この日の世界を一周する暴落の引き金を引いたのが、実は東京時間早朝に起きた南アランド／円の暴落だった。午前 7 時 45 分頃に 1 ランド = 9.35 円だった相場が、たった 15 分の間に 8.90 円レベルまで、5％も暴落したのだ。南アランドは高金利通貨の代表格の一つで、金利差を狙った日本の個人投資家に人気が高く、ロングポジションを長期にわたって保有している向きがほとんどである。したがって、個人投資家を巻き込んで相場が下がれば下がるほど、ロスカットの金額が膨らんで短時間で暴落することになった訳である。投資対象が株であろうが南アランドであろうが、円キャリートレードの一角が崩れると、それがグローバルで大規模な巻き戻しにつながり得るのだ。

黒田バズーカ砲3＝ついにマイナス金利導入

　異次元緩和のスタートから2年半経った15年、2％という物価目標は程遠く、日銀審議委員の中にも「成長戦略が重要で、金融政策だけで2％達成はできない」という白川前総裁の理論を支持するような意見も出始めてきた（木内登英氏と佐藤健裕氏）。黒田総裁は「デフレ状況ではなくなった」（10月7日の決定会合）としつつも、物価目標達成時期を「16年度前半ごろ」から「16年度後半頃」へと先送りした（10月30日の決定会合）。このような状況の下、マーケットでは追加緩和観測が高まっていった。

　そんな観測に応えるように黒田日銀は12月18日の決定会合で、「量的・質的金融緩和を補完するための措置」を決めた。しかし、追加緩和ではなく緩和策の長期化をにらんだ補完措置なのだという。マーケットはこの発表直後に「追加緩和」と判断して、株式市場は一時515円高となったものの、終値は366円安と乱高下。ドル／円相場も123円台へ乗せた後121円台へと急落してしまった。要するに「バズーカ砲」にはなり得なかったのである。

　どうもこの時点で黒田総裁には1ドル＝120円台と日経平均株価2万円台で越年し、16年の円安・株高の流れを作りたいとの思惑があったように見受けられる。というのも、16年に入るや早々に円高・世界同時株安に見舞われ、原油価格も1バレル＝28ドル台へと急落、ドル／円相場は115円に接近、日経平均株価も1万6,000円割れ寸前へと急落すると、1月29日に「黒田バズーカ砲3」となるマイナス金利政策という"秘策"を繰り出したからである。

　政策委員会の評決は5対4の薄氷の決定ではあったが、黒田総裁の提案は円キャリートレードの巻き戻しが本格化したことを目の前で見て危機感を強くした結果だし、それだけ総裁がマーケットに追い詰められていたことを意味している。そこで今回もまた「サプライズ」を演出したのである。

　マイナス金利導入を決めた1月29日よりわずか8日前、1月21日に参院決算委員会で「現時点でマイナス金利を具体的に考えていることはない」と発言していたのだ。しかもその日事務方に「追加緩和が必要な場合の選択肢」を用

意するよう指示して深夜、世界経済フォーラムの年次総会（ダボス会議）が開かれるスイスへ旅立ったというのだから、随分と手が込んでいる。

　記者会見では円安誘導の思惑があったのではないか、との質問に対して黒田総裁は「通貨を目的としたものではない」と答えていたが、それが最大の目的であることは明白である。しかし、マイナス金利政策がドル／円相場に与えた影響は当日の高値121.70円止まり。その後の3日間しか120円台を見ることはできなかった。それから現在に至るまで2度と120円を超えるドル高・円安は見ていない。

　それから、この会合で日銀からマイナス金利が事前にリークされた事件を追記しておきたい。日銀資料によると会合が終了したのは12時31分で、マイナス金利の公表は12時38分だったが、会合の最中である12時23分頃に日経電子版が「マイナス金利政策の導入の議論に入った」という内容を報じたのだ。会合には財務省と内閣府から1人ずつオブザーバーが出席しており、2人は11時50分〜12時5分までの15分間退席しているので、怪しい。

　当然国会でも追及され日銀も調査したが、情報漏洩が疑われる事実は発見されなかったそうだ。いずれにしても、主要国の中央銀行は政策金利の発表時間をあらかじめ決めているのに、日本だけが発表時間を決めていないのはどうかしている。マイナス金利導入が事前報道されたことは、発表時間が決められていないことの弊害とも言える。実際、13年以降の発表時間は11：36〜13：49と2時間以上バラツキがあるのだ。近年の傾向として、発表時間が遅れれば遅れるほど追加緩和が実施されるのではないかというマーケットの思惑が高まって、発表されるまでじわじわとドル買い・円売りが強まったり、突然ドル高・円安になったりするなど、不要な乱高下が多発している。

　そのため、特に目先を追う短期筋にとっては発表時間の遅れそのものが厄介な代物になっているのだ。おそらくほとんどの市場関係者が発表時間をあらかじめ決めて欲しいと願っていると思う。決められた発表時間までに議論を終わらせるということが、海外主要中央銀行にできて日銀だけができないということはない。16年2月29日に経済産業省が鉱工業生産指数の公表時間を変更すると発表したところ、エコノミストなどから批判が殺到、早速3月9日には撤

回された。こうした良き前例があるのだから、何とか世論の力で百害あって一利なしの日銀の慣行を変えることができないものだろうか。

黒田バズーカ砲3も不発に

　黒田総裁はマイナス金利導入から1カ月余り経った16年3月7日に講演して、次のように語っていた。

>　　その後、米国経済に関する見方の弱気化や欧州の金融機関の問題などをきっかけに、世界的な株安と円高が進みました。新聞には「効果帳消し」といった見出しが並びました。これは正当な評価とはいえません。『マイナス金利付き量的・質的金融緩和』の導入後、金利の低下という効果は既にはっきりと現れています。円の金利が低下したことや、さらなる追加緩和が可能であるということは、他の条件を一定とすれば、資産価格にはポジティブな影響を与えます。すなわち、株高、円安の方向に力を持っているはずです。

　黒田理論ではそうなのだろうが、実際を見ない、見たくない人が日本銀行の総裁の地位にあるのは実に困ったことである。実際は「黒田バズーカ砲3」でも円高・株安に歯止めをかけることはできずに何カ月も継続したのだから。4月28日に日銀が金融政策の現状維持を決めるとその数日後にドル／円相場は105円台へ急落。さらに、ブレグジットの国民投票結果が判明した6月24日には99.00円まで急落し、その日、日経平均株価は15,000円をも割り込んだのだ。なお、ドル／円相場はその後も7月8日に99.99円、8月16日に99.55円と、100.00円割れを2度見ている。

　参考までに紹介すると、8月17日の日本経済新聞は「マイナス金利導入半年」という記事で「導入時」と「足元」を比べていた。ドル／円相場113.70円程度→100円突破、日経平均株価1万6,022円→1万6,596円、長期金利プラス0.085％→マイナス0.100％、消費者物価指数プラス0.1％→マイナス0.4％、大手銀行の貸し出し190兆円→186兆円。また「日銀は口にこそ出さないが、マイナス金利の狙いの一つに円安誘導があるのは明らかだ」とも解説

していた。黒田総裁の16年3月7日の講演がいかにデタラメなものか、よく分かるだろう。

　それでも黒田総裁は7月29日の決定会合でETFの買い入れ額を年6兆円に倍増する追加緩和策を決め、さらに次回の決定会合で「総括的な検証」をするとした。本来なら「総括的な検証」は国民に約束した異次元緩和開始から2年後にすべきだった。これまでの経験を踏まえれば、この程度の追加緩和策では円安誘導に力不足なことは明らかなのだが、いまさらこんなことをしようというのは、マーケットに対して常に何かを"やってる感"を出し続けないとすぐにドル安・円高が加速してしまうからである。

　黒田総裁が次の"やってる感"を打ち出したのは16年9月21日、マイナス金利政策を維持しながら長期金利を0％に誘導するという、長期戦を見据えての量から金利への転換だった。それでもドル安・円高地合いを転換させることはできなかったが、1カ月ほど経った頃から米国の利上げ観測が徐々に強まり、さらに11月9日の大統領選で法人減税とインフラ投資を唱えていたトランプ氏が予想外に勝利すると、米長期金利が急上昇して日米金利差が拡大、ドル／円相場は米FRBが1年ぶりに利上げした12月15日に118.66円まで急騰した。「トランプ相場」が後押しして、日銀のマイナス金利政策が如何なく効果を発揮した局面だった。

究極の円安誘導手法＝3者会合

　「トランプ相場」が出現するまでは、円安誘導政策もマイナス金利導入で打ち止めと思われたが、一方でマーケットが何度も1ドル＝100.00円割れをトライしながらなかなか明確に割り込めない状況が続いたことは不思議な現象ではあった。100.00円という水準は心理的な節目であるばかりでなく、第7章で確認したように日本政府のドルロングの持ち値にほぼ等しいことから、多くの一般企業も経営戦略上、重要な為替レート水準になっていることは理解できる。それにしても実弾介入を実施していないのだから、誰かが100.00円ちょうど近辺でドルを買い支えていたはずだ。

ルー米財務長官からは「最近は円高が進んだが、為替市場の動きは秩序的だ」(16年4月15日) と実弾介入に釘を刺され、4月30日に発表された米為替報告書では日本が「監視リスト」に指定された。金融緩和も異次元緩和からマイナス金利導入まで、サプライズ効果を狙った3弾の「黒田バズーカ砲」をもってしても円安誘導の効果を失った。なお、黒田総裁は16年6月20日の講演で、「金融政策の有効性を確保していくためには、民間部門が予想していないショックを与えることではない」と語っており、今後の脱サプライズを示唆した。

そこで最終兵器として登場したのが、一般国民はほとんど関心もなく知らないだろう「3者会合」という秘密兵器である。3者とは財務省・金融庁・日銀を指す。これを開催することで公的・準公的資金にドル買い・円売りさせるシグナルを送り、そして投機筋などにもその動きに便乗させることに成功したのだ。この秘密兵器を考案したのは菅義偉官房長官である。氏は16年12月27日、日本経済新聞のインタビューに応じて、詳しくこう語っている。

　　—経済・金融政策で力を入れるものは。
　　私の重要な危機管理の一つに為替がある。財務省、金融庁、日銀による3者会合を開かせている」「為替に関しては黙って（円安傾向に）なったといわれるが、私たちが為替の危機管理をちゃんとやっているからだ。日本は翻弄されてきた。
　　—具体的にどんな対応がとれますか。
　　そこは色々と。私たちの為替への意識は強く、中途半端な決断ではない。

これは自ら円安誘導政策を公言している。16年は1ドル=100円近辺で、それ以降も節目節目でGPIFなどの公的・準公的資金がドル買いしているというのがもっぱらのマーケットの噂だった。彼らはクジラとも呼ばれるGPIF、簡保、ゆうちょ銀行、国家公務員共済組合である。「中途半端な決断ではない」と断言しているからにはドル買い・円売りの規模も「中途半端」ではないはずだ。実質的には財務省による実弾介入に限りなく近い。そうでなければ何度もマーケットがトライする100.00円をサポートすることはできない。事実16年居住者のネット対外証券投資額（中長期債）は24.7兆円にも上っていた。

図表9-5 3者会合の実績

日付	ドル/円相場	備考
2016年 3/2	112.16円（3/1）	この日が初会合
4/5	109.92円（4/5）	日経平均株価一時400円超安、菅官房長官「為替水準の動向を緊張感を持って注視していく。必要に応じて適切な対応とる態勢を維持したい」
6/25	99.00円（6/24）	英国民投票でEU離脱派勝利（6/24）
7/8	99.99円（7/8）	浅川財務官「投機的な動きがあればきちっと対応したい」
8/3	100.68円（8/2）	浅川財務官「投機的な動きがみられる。細心の注意をもって注視するとともに、必要な場合にはきっちりと対応したい」
8/18	99.55円（8/16）	浅川財務官「投機的な動きがあれば必要な対応をきっちりと打つ」
8/30	100.06（8/26）	（この日、会合自体は開催されていない）菅官房長官「財務省、金融庁、日銀の3者会合は、私の指示で実施している。過度な市場の動きに対して、断固として対応していく動きを取っている。為替市場には最大の関心」
9/22	100.10円（9/22）	浅川財務官「注意を払い市場動向を見極める。投機的な動き継続なら必要な対応をとる」
11/9	101.19円（11/9）	日経平均株価一時1,000円超安、浅川財務官「為替相場の動きが激しい。今後の対応を麻生財務相と相談する」
2017年 1/23	112.68円（1/23）	トランプ氏米大統領に就任（1/20、金曜日）
3/24	110.62円（3/23）	森友学園の籠池氏による国会での証人喚問
6/19	108.81円（6/14）	
8/1	109.92円（8/1）	
10/5	112.32円（10/4）	
2018年 1/29	108.28円（1/26）	菅官房長官「為替市場の動向注視していくことが大事」浅川財務官「背景に投機的な動きがないか緊張感を持って注視したい」
2/16	105.55円（2/16）	麻生財務相「為替市場の安定は重要。必要な場合に対応するという方針に変わりはない」浅川財務官「為替、緊張感もって注視する」
5/25	108.96円（5/24）	
8/1	110.75円（7/31）	
10/26	111.38円（10/26）	

12/20	110.82円（12/20）	日経平均株価一時700円超安、浅川財務官「市場の動揺が深まった場合は適切に対応する」
12/25	110.00（12/25）	日経平均株価1,000円超安、1年3カ月ぶりの2万円割れ
19年1/4	104.10円（1/3）	1月3日早朝に暴落、1月4日の日経平均株価が一時700円超安、浅川財務官「投機的な動きや市場のファンダメンタルズから正当化出来ない動きあれば看過できない」
3/25	109.70円（3/25）	日経平均株価650円安
4/19		10連休中の市場変動に備え

　それでは具体的に3者会合がいつ開催されたのか確認してみよう。図表9-5に示した日は報道で知り得たものだけであり、実際はこれより多いかもしれない。加えて、その日を含んだ数日前のドル／円安値と口先介入も示した。3者会合はドル／円相場だけでなく株式市場と海外金融市場の動向を勘案しての開催もあり、必ずしも当日が最安値でないケースがある。

　円高（自国通貨高）・株安になるたびにこんな会合を開催している国など、世界中どこにもない。まるで共産主義・社会主義国家の経済運営のようだ。だからこそ最終秘密兵器となり得たのかもしれないが、現在まで円高阻止・円安誘導に成功しているのは、公的・準公的資金を投入すると同時に「適切に対応する」と口先介入することで、マーケットに対して大規模な実弾介入を連想させるからである。

　ここでは3者会合が開催された時のドル／円相場の安値に注目してほしい。すべて1ドル＝113.00円以下なのだ。この水準はトランプ米大統領が円安誘導批判した17年1月31日の112円台後半＝「トランプ・シーリング」（第10章で詳しく説明する）を、なぜか超えていない。菅官房長官が初めて3者会合を開催させたのがトランプ発言の遥か前16年3月2日だったことから、現状、日本にとって1ドル＝113.00円以下は受け入れがたく、米国にとって113.00円以上は受け入れがたいということになってしまった。これは偶然起きたミステリーか？

　財務省は実績から判断しておそらく1ドル＝125.00円以上の水準に達しなければ反対売買であるドル売り・円買いはしないだろう。しかし、3者会合に

乗じてドル買い・円売りした公的・準公的資金と投機筋などは、いずれ遅かれ早かれ、利食いだろうが損切りだろうが、反対売買のドル売り・円買いをしなければならない。こうしたことから、予見し得る相当長い間、ドル／円相場は「トランプ・シーリング」となった113.00円レベルを超えて推移することは、まずないと見る。

第10章

「黒田バズーカ砲」VS「トランプ砲」

　トランプ米大統領は日本の長年にわたる円安誘導政策を厳しく批判した。それに対する嘘の大本営発表にマスコミが同調したのは「円安国是」による異常な社会現象である。円安が国是であっても「トランプ・シーリング」の存在によって更なる円安（＝株高）は維持不可能だろう。

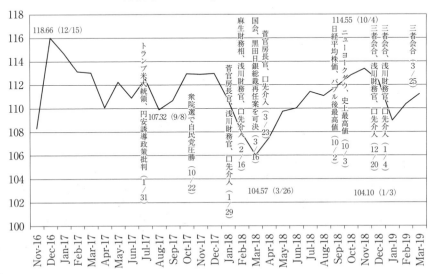

出所：日本銀行「時系列統計データ」より作成

「黒田バズーカ砲」VS「トランプ砲」

　政府・日銀が16年末〜17年初めのドル高・円安を見て安堵感に浸っていたとき、彼らに一撃を加えたのが、先に紹介したトランプ米新大統領の口先介入だった。「黒田バズーカ砲」に対する「トランプ砲」とでも言うべきか。17年1月20日に大統領に就任したトランプ氏は早速、大統領選挙期間中に公約に掲げた貿易赤字削減に取り組むべく、日本の自動車貿易を「不公平だ」と批判（1月23日）。そしてついに1月31日、日米貿易不均衡問題の核心である円安誘導政策をやり玉に挙げたのだ（図表10-1を参照）。その時のドル／円相場は112円台後半だった。

　トランプ大統領は米国の貿易赤字の要因は「他国の資金供給（money supply）と通貨切り下げだ」と指弾し、「日本は何年にもわたって（over the years）通貨安誘導を繰り広げてきた」と日本の円安誘導政策を厳しく批判した。これに対して安倍首相はじめ菅官房長官、浅川財務官ら日本政府は「円安誘導という批判は全く当たらない」と一斉に反論。そして、すべてのマスコミもすかさずそれに同調した。以下が主要全国紙の社説の見出しである。

　日経新聞「経済の混乱招く米大統領の為替『口先介入』」
　朝日新聞「『円安』批判　国際合意無視するのか」

図表10-1　日本の対米貿易黒字

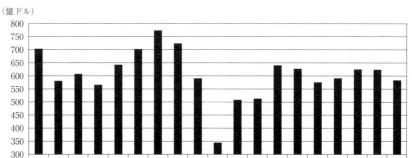

出所：ジェトロ

読売新聞「トランプ氏介入　円安誘導との批判は筋違いだ」
　産経新聞「円安誘導批判　不当な米の『介入』許すな」
　毎日新聞「トランプ氏と為替　国際協調の土台揺らぐ」
　彼らに共通する主張は以下の３つである。①日本は 2011 年以来実弾円売り介入していないこと、②異次元緩和は脱デフレのための金融政策であり円安誘導が目的でないこと、③大統領の立場の人が国際合意を無視し、経済の混乱を招く口先介入はすべきでないこと。①と②は事実に反する"嘘"であり、③は日本が反論する資格を持たない。
　これから一つずつその理由を明らかにする。まず①の「実弾介入」について。IMF 協定に違反する大規模ドル押し上げ・円売り介入を始めた 95 年から 11 年 11 月まで（= over the years）、円売り介入金額はネットで 68 兆円に上る。つまり、その後現在に至るまで、その分だけドルが底上げされ円が不当に押し下げられた状態が続いているのだ。したがって、11 年以来円売り介入していないという反論は不当である。
　②の異次元緩和について。繰り返しになるが、黒田日銀総裁は 16 年 3 月 7 日の講演で「『マイナス金利付き量的・質的金融緩和』の導入後、金利の低下という効果は既にはっきりと現れています」「円の金利が低下したことや、さらなる追加緩和が可能であるということは、他の条件を一定とすれば、資産価格にはポジティブな影響を与えます。すなわち、株高、円安の方向に力を持っているはずです」と発言している。彼の本音が強くにじみ出ている内容と言っていいだろう。また、16 年 9 月 26 日には円高を懸念する大阪の経済団体での懇談会で「為替安定に最大限努力したい」と表明している。これは明らかに金融緩和が円安を目的にしていることを意味している。
　それでは黒田総裁以外の日銀幹部はどう考えているのだろうか。16 年 9 月 8 日、日本経済新聞に「異次元緩和　日銀出身者の『検証』は」という面白い記事があったので、それを紹介する。
　須田美也子「(マイナス金利政策は) 円安を狙った政策だが〜」
　岩田一政「サプライズ戦略は政策変更を印象づけて効果を高める狙いなのだろう。だがマイナス金利政策の導入時は逆に円高が進むなど裏目に出た」

早川英男「『総括的な検証』で絶対に必要なのはマネタリーベースの評価だ。最初は五感に働きかける意味があったかもしれないが、為替に働きかける効果も崩壊している」

　彼らの発言からも分かるように黒田日銀はいつも表向きでは「金融政策は為替を目的にしていない」と断るが、実は異次元緩和の最大の目的が円安誘導だということは明らかである。

　安倍総理総裁自身もそのことを明確に認識している。自民党総裁で総理就任前の12年11月15日の講演で次のように発言しているからである。「日銀としっかり政策協調し〜無制限緩和していく。デフレから脱却し、為替に大きな影響を、そして株式市場にも影響を与えるような緩和策を進めていくことを約束する」（日本経済新聞、12年11月16日）。また、12年11月21に発表した自民党の政権公約では「デフレ・円高からの脱却を最優先課題と位置付け」その中で「大胆な金融緩和」を政策の1つとしている。

　③の口先介入批判について。トランプ大統領に言わせれば「あんたにだけは言われたくない！」ということである。日本政府は変動相場制移行以来、円高の度に口先介入しなかったことはなかった。日本には11年までの巨額円売り介入の実績があるから、それを示唆する「適切な対応」「必要な対応」という言葉など「口先介入」も、れっきとした円安誘導政策である。安倍首相だって16年2月15日に「急激な円相場変動は望ましくない」「財務相には引き続きしっかりみてもらい、必要に応じて適切に対応してもらいたい」と発言、5月5日にも「必要なら為替市場で対応する」と直接的に口先介入しているのだ。

　次に菅官房長官だが、12年11月19日に「安倍総裁が日銀法改正と無制限の金融緩和に言及したことで、円が7カ月ぶりに1ドル＝81円台になった」と発言している。また、円高になるたびに財務省、金融庁、日銀の「3者会合」を開催させて円安誘導していることは第9章で詳しく解説した。自ら円安誘導政策を公言しているのだ。

　さらに、為替を所管する麻生財務相の口先介入は近年では特に16年4〜6月頃が頻繁で、しかも随分と挑発的だった。折しも4月29日には米国が為替報告書を発表、日米ともに為替にナーバスな時期でもあった。その報告書では

図表10-2　麻生財務相による口先介入（16年）

4/14	（通貨安競争を避けるというG20の合意は）マイナス金利など金融政策を制約するものではない
4/30	一方的で偏った投機的な動きに極めて憂慮している。必要に応じて対応する
5/2	円相場、一方的で偏った投機的な動き、きわめて憂慮、円高に必要に応じて対応
5/9	参院決算委員会で、民進党の小川勝也氏から「米国の監視リスト入りをどう理解しているかと問われて、「米国が日本の為替政策を不当に考えているわけはない。制約を受けるわけではない。当然介入の用意がある」と発言
5/10	一方的に偏った動きが続けば介入するのは当然
5/21	ここ数週間をみれば、10日間で8円とか9円とか振れるのは秩序だった動きとはいえない
6/17	これまで以上に必要なときはしっかり対応する
11/11	1日、2日で5円も動くのは異常だ

　日本など対米黒字が大きい5カ国・地域の為替政策を監視対象に指定し、制裁を発動する仕組みを導入したのだ。制裁に動く条件は以下の3つに抵触する場合である。①対米貿易黒字が年200億ドル超②経常黒字がGDPの3％超③一方的な為替介入による外貨買いがGDPの2％超。この頃の麻生財務相の口先介入はこんな感じである（図表10-2）。

　浅川財務官も第9章で具体的に指摘したように、円高時に開催された3者会合の後には必ずと言っていいほど「必要な対応をきちんと取る」と口先介入している。

　これだけ政府・日銀の嘘が明らかであるにも拘わらず、すべてのマスコミがこれに同調したのは摩訶不思議なことである。例えば日本経済新聞は16年4月16日に「麻生氏が金融政策に言及した背景には円高を阻止する為替介入が封じられつつある事情がある」と解説している。また、16年8月17日には「意図せぬ円高　99円台」という記事の中で、「日銀は口にこそ出さないが、マイナス金利の狙いの一つに円安誘導があるのは明らかだ」とはっきりと書いているのだ。マスコミは政権に媚びているのか、それとも新聞広告のお得意様を擁護しているのか？

　米国の大統領に対して嘘の大本営発表をしてまで、日本が守るべきものとは

一体何なのか？ 安倍自民党政権なのか？ 日本銀行なのか？ トヨタを始めとする輸出企業なのか？ それとも、日本国民なのか？ 今回の日本政府の反論は致命的である。

おまけにトランプ発言の数日後17年2月3日には日銀が"これ見よがしに"長期金利の上昇を抑えるために国債の「差し値買い入れ」を実行して円安に誘導した。トランプ大統領はこれを自分に対する挑戦状と受け止めた可能性だってある。要するに日本は米国を舐めている、馬鹿にしたわけで、超大国をコケにするとどうなるか。米国の国力を侮り正当に評価しようとしなかったという点で、日本は敗戦から何も学ばなかったということである。日本が円安誘導批判を認めないなら（＝円安是正したくないなら）、米国の対日赤字が解消されるまで日本からの輸入品に対して高関税を掛けるだけ、という事態もあり得る。

トランプ大統領は（日本のためにも）よくぞ言ってくれた！ 筆者は彼に深く感謝する。日本ではここまで説明したように「円安国是」となっていて、国内からこれをひっくり返すことは、まず不可能だった。そのために世界の不均衡は拡大するばかりで、常にどこかで金融危機が勃発する根因にもなっていた。例えば年間5,000億ドルの貿易赤字を半減させるだけでも世界のお金の流れは劇的に変わり得る。世界の金融経済と実体経済の乖離・不均衡も是正の方向へ向かうだろう。日本の異常な金融緩和も終わり、経済構造も変わっていく。超大国でなければできないこと、それを筆者はトランプ大統領に期待する。

「円安国是」による異常な社会現象

日本政府が「批判はまったく当たらない」と反論することは嘘の大本営発表と割り切るとしても、すべてのマスコミがその嘘に乗っかるとは、この国はどうなってしまったのだろうか。余談になってしまうが大切なことと思われることは、こうした社会現象が現出した背景を我々日本人はどう理解したらよいのかということである。

「デジタル大辞泉」によれば、「大本営発表」とは「政府や有力者などが発表する、自分に都合がよいばかりで信用できない情報」という意味である。筆者には円安誘導政策批判に対する日本の反論が「自分に都合がよいばかりで信用できない情報」であることはすぐに分かる。しかし、一般国民はこの反論が「大本営発表」かもしれないという疑いすら持っていない。

国民にその判断材料を提供すべきマスコミも政府の嘘を見抜けない。否、見抜けないのではなく、実際の他の記事の中では政府の嘘の部分を正しく報道しているのだから、なぜか政府と一緒になって国民に嘘を伝えているのだ。それはマスコミの政府に対する忖度と決めつけるには彼らにとってのメリットがほとんどない。

本件を森友学園問題（17年2月に発覚した、格安での国有地払い下げ）と加計学園問題（17年5月に発覚した、国家戦略特区に獣医学部新設を選定）をめぐる「モリカケ問題」と比べてみるとその異質さが際立つ。政府・マスコミ・国民の3つの主体に区分して見ると、「モリカケ問題」に関してはマスコミも国民も安倍首相と政府の説明が嘘の大本営発表だということを見抜いている。18年のほとんどの世論調査で安倍内閣を支持しない理由として、「首相の人柄が信頼できない」を挙げている人の割合がトップとなっていたことがそのことを如実に物語っている。

それに比べて、トランプ大統領の円安誘導政策批判に対する日本政府の反論は、客観的に見れば大本営発表だということが明らかであるにもかかわらず、マスコミも政府に同調して国民に嘘を伝えている。こんな社会現象が起きた原因はやはり、「日本は円安でなければならない」「円安、いのち」という宗教めいた意識が政府・マスコミ・一般国民にまで広く深く浸透してしまったからではないだろうか。あたかも「国是」となって。そのように理解しないと少なくとも筆者には納得できない。

なお、本件には後日譚がある。安倍首相は18年9月16日のNHK日曜討論「自民党総裁選　候補者に問う」で、トランプ大統領の円安誘導政策批判について次のように語っていた。

貿易においても確かに日本、690億ドル近くの日本に対しての赤字があるだろうけども、日本の企業が向こうで作ってるものを世界に輸出をして750億ドルもアメリカ稼いでるんですよということ等も説明をしています。十分理解もしてきた。そして為替については、お互いに為替について触れるということは危険ですね。ですからトランプ大統領は最初私と会って以来はこの為替について日本を攻撃したことはないんだろうと、こう思います。

　確かに安倍首相の言うように、17年2月10日の初めての日米首脳会談以降、トランプ大統領が直接的に円安誘導政策を批判したことはない。しかし、18年9月26日の日米首脳会談では2国間で個別品目の関税について交渉する日米物品貿易協定（TAG）を開始することで合意した。これには当然自動車関税も含まれる。さらにトランプ大統領は18年10月27日、農業団体の集会で演説し、日本が市場を開放しない場合「日本車に20％の関税をかける」と発言している。日本政府は日米貿易交渉の先延ばしばかりに腐心して、トランプ大統領は対日貿易赤字だけを特別に大目に見てくれているなどと勘違いしてはならないのだ。

　そこで20〜25％の関税をかけるということが何を意味するのかを考えてみたい。大手自動車会社の試算によると、1ドル＝110円の時に米国で25％の高関税が発動された場合、日本の輸出車1台あたり平均で6,000ドル×110円＝66万円の負担増になるという。もし現在トヨタのカムリが1台3万ドルで売られているとして、このレートでドル売り・円買いすると手取り円金額は330万円になる。話を単純化して、もし関税ではなく同額だけ為替で調整しようとすると、（330万円－66万円）÷3万ドル＝88円となって、1ドル＝88円というレートが導かれる。つまり、トランプ大統領は日本が関税を嫌がるなら1ドル＝88円まで円安是正するべきだと言っているに等しいことになるのだ。

円安・株高がピークを迎える

　安倍首相が異次元緩和による円安誘導政策を遂行するために黒田日銀総裁を指名した経緯を知る外為市場の参加者は、安倍政権と黒田日銀は一心同体と見なしている。つまり、経済情勢いかんにかかわらず、安倍政権が崩壊すれば異次元緩和は自動的に終了するとの理屈である。安倍政権が崩壊しなくともレイムダック化が顕著になれば同じ連想は強く働く。

　その安倍政権が揺らいだのが17年2月に発覚した森友学園問題と5月に発覚した加計学園問題だった。この2つの問題が長く政局を揺さぶり、内閣支持率が12年以来の安倍政権の最低を記録して7月2日の東京都議選では自民党が惨敗。7月28日には南スーダンPKO日報隠蔽問題の責任を取り稲田朋美防衛相が辞任した。

　この間ドル/円相場は何度か上値をトライする場面があったが、トランプ米大統領の口先介入でブロックされた113.00～115.00円レベルの上値は重く、安倍政権への不安が残る中、北朝鮮のミサイル発射で地政学的リスクが高まり、9月8日には107.32円まで下落する場面があった。

　ここからドル/円相場は自律反転するのだが、その間内外の政治情勢が大きく変化した影響が大きい。つまり、10月22日の衆院選で自民党が圧勝、安倍一強体制が確立し、お隣の中国でも10月24日に中国共産党大会が閉幕して習近平一強体制が確立した。そして11月6日の日米首脳会談では日米蜜月が確認され、11月9日の米中首脳会談でトランプ大統領は北朝鮮の暴走抑え込みに成功したのだ。これら一連の世界情勢変化はグローバルな景況感の回復と日銀の異次元緩和不変の下、円キャリートレードと株高には最適な世界的政治経済環境が完成したと考えられる。その結果、日経平均株価は10月に過去最大となる16日連続上昇を記録。17年大納会では2万2,764円と、年末終値としては26年ぶりの高値を更新した。

　筆者は当時、この頃を"実質的な"円安・株高のピークと考えていた。そして現在もその見方は変えていない。理由は大きく3つある。1つ目は、1ドル

＝115円以上のドル高・円安が見込めないことである。ドル／円相場が株価を支配する金融市場では、「トランプ・シーリング」とも言うべき米国にとって容認できないレベルが113.00〜115.00円であり、マーケットもそのことを十二分に承知している。また実質実効為替レート指数も歴史的な安値圏にあり、これまでの経験からしてさらなる円安は維持不可能だろう。したがって、円安是正が始まると円高・株安のピッチは速くなる可能性が高い。

2つ目は、黒田日銀は円安誘導のための緩和策を出し尽くしてしまったことである。今や異次元緩和の副作用が日に日に高まっており、追加緩和は到底できない状況に陥ってしまった。「黒田バズーカ砲」の弾切れである。

3つ目は、金利差を目指して造成してきた円キャリートレードの拡大余地がほとんどなくなってきたことである。これまでのドル安・円高局面では、特に110.00円以下のレベルで実弾ドル買い・円売り介入に代わって主に公的・準公的資金がドルを買い支えてきたが、113.00〜115.00円レベルでは利食いの円買い戻しを余儀なくされるからである。したがって、何かグローバルな政治経済情勢の変化によってリスクオフの展開になったときはなおさらのこと、大規模に円キャリートレードを解消せざるを得なくなるのだ。

マーケットVS日本政府の激しい攻防戦

18年の年明け早々からの円安是正は比較的大規模な円キャリートレードの巻き戻しだが、それは円高・株安を伴って、ドル／円相場が105.00円を割れる3月23日（金）まで継続した。当日の安値が104.64円で、3月26日（月）のそれが104.57円だったが、実質的な円キャリートレード解消のピークは3月23日（金）となり、日経平均株価は1月23日の年初来高値2万4,124円から3,507円も下げて2万617円へ、ニューヨークダウは1月26日の年初来高値2万6,616ドルから3,083ドルも下げて2万3,533ドルまで急落した。

なお、この頃の世界的な株式市場の急落を「調整」と解説する報道が多く、アルゴリズムや超高速取引、AIをもその理由に挙げていた。その根拠はファンダメンタルズが良好だというものだったが、筆者はやはり円キャリートレー

第10章 「黒田バズーカ砲」VS「トランプ砲」

図表10-3　主な円買い材料（18年1月～3月）

1/22	米国が太陽光パネルと洗濯機の輸入増に対抗するため、16年ぶりにセーフガード（緊急輸入制限）の発動を発表
1/24	ムニューシン米財務長官「短期的に見れば、ドル安は貿易面で米国にとって良い」と発言
1/26	黒田総裁が「私たちはようやく（2％の物価安定）目標に近づいている」と発言
2/2	米雇用統計で賃金上昇率が8年ぶりの高い伸びを示し、米長期金利が急騰して株価が急落
2/15	麻生財務相「今の状況に特別に介入しないといけないほどの急激な円高ではないと考えている」と発言（翌日この発言を翻した）
2/16	トランプ米政権は鉄鋼とアルミニウムの輸入増が安全保障上の脅威になっているとして輸入制限案の具体的な検討に入った
3/2	朝日新聞が1面トップで「森友文書書き換えの疑い」「財務省、問題発覚後か」「交渉経緯など複数個所」と報道
3/2	トランプ米大統領が鉄鋼やアルミニウムの輸入を制限する方針を表明
3/7	財務省近畿財務局の職員が自殺
3/9	佐川宣寿国税庁長官が辞任
3/13	トランプ米大統領が中国に対する大規模な関税、投資制限を望んでいるとの一部報道
3/22	トランプ米大統領が中国の知的財産権侵害に対する関税賦課に署名
3/23	前日の米国の措置に対抗して、中国も対米相互関税を発表 報道各社が実施した3月の世論調査で内閣支持率が急落

図表10-4　主な円売り材料（18年1月～3月）

1/29	3者会合、菅官房長官「為替市場の動向注視していくことが大事」浅川財務官「背景に投機的な動きがないか緊張感を持って注視したい」と口先介入
2/16	安倍首相が黒田日銀総裁を再任し副総裁候補にリフレ派を起用する案を提示。ドル／円相場が105円台まで下落すると麻生財務相「為替市場の安定は重要、必要な場合に対応するという方針に変わりはない。引き続き為替市場の動向を緊張感もって対応していく」と口先介入。3者会合を開催。浅川財務官「為替、緊張感もって注視する」と口先介入
3/16	衆参両院の本会議で、黒田東彦総裁の再任と副総裁に日銀の雨宮正佳理事とリフレ派の若田部昌澄早稲田大学教授を充てる人事案を可決、承認
3/20	財務省幹部「最近の円高はファンダメンタルズを反映していない」と口先介入
3/23	菅官房長官「米国の対応策が影響を与えている。政府としては為替の安定は重要であり、引き続き為替市場の動向を緊張感を持って注視していきたい」と口先介入

ドの動向が鍵を握っていると考えている。この間の円キャリートレード解消の過程ではマーケットVS日本政府の激しい攻防戦が見られたからである。主な円買い材料を時系列に取り上げると図表10-3のようなものだった。これほど多くの円買い材料に対して日本政府は口先介入と3者会合、そして日銀の緩和路線継続をもって対抗した（図表10-4を参照）。

　この攻防戦で日本政府が勝利すると株式市場は持ち直し、日経平均株価は10月2日に2万4,270.62円とバブル経済崩壊後の最高値を示現、ニューヨークダウも10月3日に史上最高値2万6,828.39ドルを示現した。なお参考まで、両日のドル/円相場の高値はそれぞれ114.02円と114.54円だった。

19年1月3日の円大暴騰は何かの予兆？

　その後ドル/円相場の厚い壁となっていた115.00円を超えることができなくなると、株式市場は大きな乱高下を何度も繰り返し、12月に入って急落場面が多くなった。同時に円も上昇、政府は12月20日と12月25日に3者会合を開催していったん円高・株安に歯止めをかけた。しかし、19年1月3日早朝にそのクライマックスを迎えたのだ。筆者はその時すでに第一線から退いており現場で体感することは叶わなかったが、値動きだけは凝視していた。

　1月2日のニューヨーク市場終値1ドル＝108.88円に対して104.10円まで一瞬の暴落だった。それは午前7時35分、わずか1分間の出来事。日本が祭日で早朝だったという薄商いの中で発生したとはいえ、それだけマーケットのポジションが大きくドルロング/円ショートに傾いていた証拠である。

　この時ドル/円だけでなくすべてのクロス/円も暴落したことから、実は円キャリートレードが大規模な形で一瞬にして巻き戻されたものである。それはどのくらいの規模だったのか。筆者は円キャリートレードの大きさを計る物差しとして、ドル/円相場と主要クロス/円相場（ユーロ/円、ポンド/円、豪ドル/円、スイス/円、カナダ/円）に注目、これらを単純に合計した数値を仮に「円合計」と言うことにして利用している（図表10-5　円合計とニューヨークダウを参照）。

図表10-5　円合計とニューヨークダウ

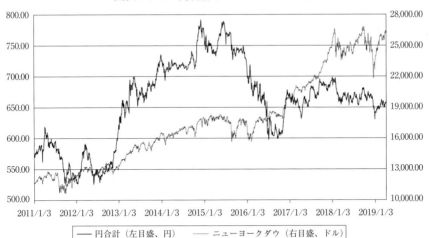

　数値が大きくなれば円安、すなわち円キャリートレードの拡大を、小さくなれば円高、すなわちその解消・巻き戻しを示す。「円合計」は他国との物価や貿易額をまったく考慮しないので、経済学的には何の意味もないものだが、円の総合的な価値を表すには実質実効為替レート指数に比べて速報性に優れ、現場感覚ともかなり一致しているようだ。なぜなら、外為取引の9割以上を占めるといわれる資本と投機にとっては物価や貿易額とは無関係に、100万ドルで1円動いた時も100万ユーロで1円動いた時も、損益は100万円でまったく変わらないからである。

　1月2日のドル/円と主要クロス/円のニューヨーク市場終値はそれぞれ108.88円、123.50円、137.30円、76.05円、109.98円、80.16円だったことから「円合計」は635.87円となる。そして1月3日の暴落時はそれぞれ104.10円、117.85円、131.00円、70.20円、106.05円、76.80円だったことから「円合計」は606.00円となる。その差は実に29.87円だ。

　このような一瞬にして起こり得る円キャリートレードの巻き戻しは、他の金融市場にも波及する世界経済にとっての脅威となる。この急変動を受けてニューヨークダウは660ドル安、日経平均株価も1月4日の大発会で一時773

円安となり、政府は3者会合を開催。浅川財務官が「投機的な動きや市場のファンダメンタルズから正当化出来ない動きあれば看過できない」と口先介入をして大規模な円キャリートレード解消に歯止めをかけた。

　円キャリートレードの大規模な巻き戻しが一瞬にして発生したということは、それほどの規模の不均衡が必ずどこかに潜んでいることを示唆している。その不均衡是正がいつどこで表面化するかは予想しがたいが、1月3日の円大暴騰は近い将来起こるだろう何かの予兆である可能性が高い。おそらくマーケットVS日本政府の攻防戦が今後何度か繰り返されるのだろうが、日本政府の抵抗には限界がある。その理由を端的に言えば、株価に天井はないがドル／円相場には天井があるからである。為替は相手のあることなのだから。

終章

さまざまな観点から

円安・株高で企業の安倍政権支持率は異常に高く

　これまで指摘してきたように、円安誘導政策を推進してきた安倍首相に対する世論の支持の変化は円相場にも大きな影響を与えてきた。18年9月の自民党総裁選を見据えた、その5カ月ほど前の18年4月の世論調査では、前年発覚した「モリカケ問題」に絡んだ安倍内閣の不祥事が相次いだため、どのマスコミ各社によるものでも内閣支持率が総じて30〜40％と、軒並み急落した。そして、支持しない理由として「人柄が信頼できないから」が相変わらず圧倒的な割合を占めていた。それでも30代以下の若年層の支持率は他の世代に比べて高い傾向は変わらなかった。企業の好業績によって若者の就職環境が良くなってきたことや、若い多感な時代に民主党政権の失敗を目の当たりにして政権の安定・現状維持を求めていることも影響していたのかもしれない。

　ここでなぜ18年4月の世論調査を取り上げたのかというと、ちょうどこの頃ロイターが実施した非常に希な世論調査の結果を知ることができて、他の世論調査との間に大きな乖離が認められたからである（報道は18年4月23日）。このロイター企業調査は、資本金10億円以上の中堅・大企業542社を対象に4月4日〜17日に実施したもので、回答社数は220社程度である。それによると「貴社の事業活動にとって安倍首相の自民党総裁3選は望ましいことですか」との問いに、「はい」との回答が73％と驚異的な数値を示していたのだ。さらに、次の政権も安倍首相続投による与党政権継続が望ましいとの回答が6

割を占め、次期首相も5割が安倍首相を支持していた。

　マスコミ各社の一般的な国民を対象とする世論調査に比べて中堅・大手企業の支持率が異常に高いことは、企業の立場からすると安倍自民党総裁・首相が円安・株高を実現させ維持してきたことに対する評価が高く、今後もこの円安・株高傾向が継続することを望んでいることの表れだろう。裏を返せば円安是正が始まり連動して株安になると、具体的には1ドル＝100円以下のドル安・円高水準が定着してしまうと、じわじわと"安倍離れ"が起きる可能性が高いのだ。「株価管理内閣」とも言われ、円安・株高に依存した安倍政権だから、円安是正が成ったときが政権崩壊する一つのきっかけになり得る。「金の切れ目は縁の切れ目」ということである。

円安誘導した異次元緩和が破綻する日

　こうした円安・株高依存の安倍政権を根底から支えてきたのが黒田日銀である。黒田日銀総裁が13年4月4日に発表した異次元緩和が現在どのような状況にあるのか、確認しておきたい。当時は、マネタリーベースおよび長期国債・ETFの保有額を2年間で2倍に拡大し、長期国債買入れの平均残存期間を2倍以上に延長するなどして、消費者物価の前年比上昇率2％の『物価安定の目標』を2年程度の期間を念頭に置いて、できるだけ早期に実現する、としていた。そして「戦力の逐次投入はせず、必要な政策はすべて講じた」とも豪語していた。

　あれから6年経過した現在に至るまで、日銀は2％物価達成の目標時期を6度先送り（挙句の果てに18年4月27日には目標自体も削除）、戦力の逐次投入を何度も繰り返した。「安倍総理からは『目標達成は日本銀行の責任である』という発言が繰り返された」（白川方明前日銀総裁『中央銀行』563ページ）のだから、黒田日銀総裁再任の資格はなかったはずだ。それでも18年4月9日に安倍首相が黒田日銀総裁の再任を決めたのは異次元緩和によって円安（＝株高）が実現・維持されてきたからである。

　2年で物価目標2％という国民への約束を6年経っても達成できなかったこ

と、その約束を何度も先送りしたことなど、安倍首相にとってはどうでもよいことなのである。ましてや金融政策手段が量的緩和であろうがマイナス金利であろうが長期金利の操作であろうが、手段が何であっても結果として円安（＝株高）さえ維持されていれば緩和政策の中身は問われないのだ。

　黒田総裁が物価上昇のモメンタムは維持されていると強弁し続けているのは誰にも納得できないことである。岩田規久男前副総裁にいたっては、就任時に「2年で2％の物価上昇を達成できなければ辞任する」と啖呵を切っていたのに任期まで副総裁の座に座り続けた。これだけでも十二分に黒田日銀への信認は地に落ちてしまっているのだが、それどころではない、異次元緩和の副作用が取り返しのつかない事態を招いているのだ。それは銀行収益の悪化である。

　金融庁は18年9月26日に、106ある地方銀行の半分が2期以上連続で本業利益が赤字になっているとの集計結果を発表している。23行は5期以上の連続赤字で、長期にわたって赤字から抜け出せない地銀が毎年増えているという。また日本経済新聞は18年11月20日、「地銀7割が減益・赤字」「4～9月期　本業・不良債権・運用で三重苦」として「上場80社の2018年4～9月期の連結決算は、最終損益が7割の56社で減益か赤字だった」と報じている。株式市場で銀行株が軟調なのも当然だろう。

　こうした事態について池尾和人立正大学教授は「銀行の収益環境悪化は、金融緩和の『副作用』というべきものではなく、金融政策の伝達経路の担い手である金融仲介機能が機能不全に陥る、あるいは逆機能化するという主作用にかかわる問題だ。従って日銀は緩和効果を維持するためにも、長期金利目標の廃止など、金融仲介機能の回復を図ることにつながる『正常化』に着手すべきだ」（日本経済新聞、18年11月30日）と手厳しい。

　黒田総裁は18年10月31日の定例記者会見で「金融仲介が停滞方向に向かうリスクや金融システムが不安定化するリスクがある」と認めつつも「現時点ではこれらのリスクは大きくない」と判断していた。しかし、その認識は甘いのではないか。「銀行の銀行」と言われる日銀が銀行を破たんさせたのではシャレにもならない。そもそも異次元緩和の目的は円安誘導なのだから、物価はど

うなっても構わないはずだ。物価のことは脇に置いて、今や「国是」ともなった国民の悲願である円安を維持するための異次元緩和を継続するのか、それとも銀行の破たん回避のためにそれを終わらせるのか、黒田日銀総裁が最終決断を迫られる日は刻一刻と近づいている。

日本が失ったもの＝今だけカネだけ自分だけ

経済学者の目から見た円安誘導政策の評価について、野口悠紀雄早稲田大学ファイナンス総合研究所顧問、一橋大学名誉教授は「日本経済は為替レートの変動で大きな影響を受ける」として、具体的に以下の4点を指摘している（『円安待望論の罠』日本経済新聞出版社、2016年、4ページ）。

1. 2012年秋以降の円安によって、製造業の輸出企業の利益が増加し、株価が上昇した。このため、一見して経済が好転したかのような錯覚をもたらした。しかし、生産量の拡大が生じていないため、中小企業の売り上げは減少した。
2. 円安によって消費者物価が上昇し、実質賃金が低下した。これが実質消費支出を停滞させた。
3. リーマンショック前の円安期に製造業が国内回帰し、巨大なテレビ工場などがつくられた。しかし、それらは、その後の赤字の原因となった。円安は日本の産業構造の転換を遅らせたのだ。
4. 円安が円キャリー取引を誘発し、それによってアメリカに流入した資金が住宅バブルを引き起こした。バブルが崩壊して金融危機が生じ、急激な円高になった。

　以上の現象は、すべて円安によってもたらされたものだ。これらは、一見したところ、危険なものとは思えない。むしろ、2を除けば、その現象が進行しているときに、経済は好転しているような印象を与えることが多い。したがって、人々は円安の進行を歓迎する。そして、円安がかなり進行した後で、問題が顕在化するのだ。

続けて、「日本の悲劇は、円安が労働者の立場からは望ましくないことを正確に認識している政治勢力が存在しないことである。そのため、政治の場においては、つねに円安方向への圧力がある。だからこそなおさら、正しい認

識が必要だ」（5ページ）とも述べている。筆者も野口教授の鋭い評価にまったく同感である。その評価に加えて少し視点を変えて見ると、円安誘導によって日本が失ったものはあまりにも大きいのだ。

1. 日本の中央銀行である日本銀行に対する信認

　異次元緩和政策を推し進めた黒田日銀に対する市場からの信認喪失は、特別に大きい。それは一般国民の目から見てもだ。昭和のバブルを生成・崩壊させた日銀の責任に比べても、筆者は黒田日銀の信認喪失の次元が違うと思う。それは約束した2％の物価目標が実現していないからではない。確たる効果も期待できない政策を何度も何度も変更して"やってる感"を打ち出し、その過程では大本営発表を繰り返し、社会常識に反する言い訳と詭弁が目に余るからである。

　黒田総裁については「2％物価目標のモメンタムは維持されている」「出口について具体的に議論するのは時期尚早」「金融機関収益の下押しが長期化して金融システムが不安定化するリスクは、現時点では大きくない」などという発言はその典型だ。物価目標を6回も先送りしていながら「モメンタムが維持されている」とは言えない。「出口」のない戦略は戦略とは言えない。ただのやりっぱなしだ。金融機関の収益悪化はすでに長期化している。

　就任時に「2年で2％の物価上昇を達成できなければ辞任する」と啖呵を切っていたリフレ派の第一人者、岩田規久男副総裁は退任直前の記者会見（18年1月31日）でこんなことを言って我々を驚かせた。「結局5年かかっても物価が上がらなかった理由は、単に原油価格の下落だけでないと、この5年間で思うようになったということです」「予想物価上昇率が日銀の目標まで上がってくることが大事ですが、上がる過程で、金融政策は一生懸命やっていても、他の政策が大きな逆風となった場合、予想物価上昇率が2％でアンカーされていない経済では、そうした逆風をまともに受けると、それをはねのけることはなかなかできないということです」と、物価目標が達成できなかったことを今度は財政のせいにしてしまった。異次元緩和さえ決断すれば物価目標を達成できると宣伝し、それまでの日銀を徹底的に批判して前執行部を石持て追い出した人物の人格を疑う。

また、内閣官房参与としてアベノミクスを理論面から支えた浜田宏一エール大学教授は日本経済新聞のインタビューにこう答えている。「国民にとって一番大事なのは物価ではなく雇用や生産、消費だ」「私がかつて『デフレは（通貨供給量の少なさに起因する）マネタリーな現象だ』と主張していたのは事実で、学者として以前言っていたことと考えが変わったことは認めなければならない」（16年11月15日）。これがかつて「教え子だった白川方明日銀総裁はどこで道を誤ったのか」と白川総裁を非難していた人物の発言なのかと思うとまったく呆れてしまう。無責任極まりない。
　今や異次元緩和は机上の空論であることが判明したからには、「（物価）目標達成は日本銀行の責任である」とした安倍首相はこうしたいわゆるリフレ派と称される日銀幹部や政府関係者を排除すべきなのだが、そういったことはしない。黒田総裁などの無責任な発言や安倍首相に言行不一致が生ずるのは、彼らが公に正直に「異次元緩和は円安誘導が目的」と言うことができない制約の中で、片方で自らの政策を正当化しなければならず、その片方で円安誘導を継続していかなければならないというジレンマに陥っているからである。どうしてもそこには矛盾が生じてしまう。
　いずれにしても、これまでの政策の失敗を反省することなく、異次元緩和で円安・株高という"金だけ"にしか目もくれず、ETF買い入れも財務省によるドル買い介入と同じく、買いっぱなしで後のことは考えない。円安が止まったとき、株高が止まったときを想定しない"今だけ"の発想では日本の中央銀行への信認は低下するばかりである。今後の日銀は「後は野となれ山となれ」という姿勢が露わになっていくのではないだろうか。

2．国際的な信用

　日本が71年のニクソン・ショック以来ドル買い・円売りの実弾介入を繰り返し、そのたびに主要各国から非難を浴びせられてきたことは、これまで詳しく解説した。特にグローバルな不均衡是正がテーマとなった03年～07年のG7では日本はドル買い・円売り実弾介入を正当化して逆に不均衡を拡大させ、それがリーマン・ショックの根本的な原因となった。民主党政権下での無制限

単独介入の際もそうだった。近年ではトランプ米大統領からも異次元緩和による円安誘導が批判された。それでも日本は円安誘導政策を止める気配が感じられない。

特に海外のグローバルな経済人にとっては、これだけ長年にわたる円安誘導の実績からして、日本は"自分だけ"良ければ他人はお構いなしの独りよがりの姿勢を貫いてきたと感じている。こうして円安誘導政策は国際的な日本の信用を著しく貶めたのだ。

3. 日本の競争力

戦後74年近くの間"ジャパン・アズ・ナンバーワン"と一世を風靡し、世界が羨むような実績を上げた時代もあった。しかし、本書で円安誘導の歴史を顧みたとき、その原動力となったものは1ドル＝360円という超円安だったのではないか、という疑念が残る。他国に比べた時、円安による為替益＝収益増加がなければ日本の経営的な優位性や技術力も、世界で絶賛されるほどのものは持ち合わせていなかった可能性がある。

さらに、統計的に明示することはできないが、円安とそれを実現する手段としての金融緩和はいわゆるゾンビ企業が蔓延する経済社会を作り出してしまったのではないだろうか。それは日本の対外競争力を奪うものであり、年を経るごとに事態は悪化していく性質のものだ。日本の株式市場は円安にならないと上昇できない、円高になると株式市場は下落にしまうという金融現象は、為替頼みの日本の競争力が極めて脆弱なことを如実に示している。

4. 一般家庭の利息収入

円高を阻止して円安に誘導するために、ただそれだけのために日銀は政策金利を引き下げてきた長い歴史がある。当然それに連動して民間銀行などの預金に対する利子率も引き下げられてきた。その分、個人は円安を人質に取られた形で、得べかりし利息収入を失ってしまった。その額は一体どのくらいに上るのだろうか。

この疑問に対して福井俊彦日銀総裁は05年1月28日の衆院予算委員会で

明確に答えている。すなわち「いろいろな計算の仕方があろうかと思いますけれども、国民所得統計で、日本の家計の受取利子というものが過去の金利の低下でどれぐらい減ったか。平成5年、1993年と比べますと、10年間ということになります、毎年の受取利子の減少額を足し合わせますれば、累計で154兆円ということになります」と。

また、共産党の小池晃議員は16年3月10日の参院予算委員会で、日銀が91年の利子が14年まで続いた場合を前提として試算した数値を紹介していた。それによれば、この24年間で家計部門の逸失利子は606兆円、軽減利子は214兆円となり、差し引き392兆円の損失で、年平均では約16兆円のマイナスである。

あるいは、このような試算はどうだろうか。18年9月末現在の家計の金融資産残高は1,859兆円で、そのうち現金・預金が968兆円と52％を占めている。この割合は長年にわたってほとんど変わっていない。また、97年12月末の現金・預金残高は695兆円だったが毎年ほぼ一貫して増え続けている。そこでこの21年間の平均残高約831兆円に対して、円安誘導目的で仮に1.0％幅金利が引き下げられてきたと考えると、家計の逸失利益は $831 \times 0.01 \times 21 = 174$ 兆円ほどに達する。福井総裁の試算と比べると控えめな数字になるが、いずれにしても、その分だけ個人は消費支出を制限されたことになる。消費が低迷を続ける大きな理由の一つは金融緩和にあるのだ。

5. 国 力

以上、円安誘導政策によって日本が失ったものとして4つを指摘したが、それらを一つに束ねて意味するところは、統計数値としては示すことが難しい「国力」の衰退ということになる。そこで思い出されるのが昭和天皇の有名なお言葉である。水田三喜男大蔵大臣は71年8月20日、那須御用邸で円切り上げの「内奏」を行い、次のような「御下問」を昭和天皇より受けた。「円の切上げをすることは、円が強くなったことであり、つまりは日本の国がよくなった事だと考えるわけには行かないか」と。

また「『円切上げを国内では何か非常に暗いことのようにいっておるが、日

本円の評価が国際的に高まり、いいことであると思う。そういう明るい面を国民に知らせる必要があるのではないか。水田はどう思うか』といわれた。これには全く恐れ入った。私は『まことにその通りでございます』と答えた」と水田メモには記されていた（『週刊東洋経済』、82年10月16日号、佐上武弘元財務官「天皇陛下と円の切上げ」より）。

佐上氏は続けて「後に円切上げに際しての佐藤総理の声明のなかに、円の切上げは、わが国力がそれだけ高まった証拠であるという表現が入れられており、当時のマスコミは、空々しい言訳であると、批判したものである。私はこうした表現がなされたのは、水田さんも指摘しているように、陛下のご下問を契機にしていると思う」と述べている。

昭和天皇の御心に反して円安誘導に邁進して国力を衰退させてしまった日本。円安誘導による株価管理内閣とも言われる現首相と日銀総裁には"今だけカネだけ自分だけ"という発想しかない。衰えた国力を取り戻すには「市場の力」に恃むしか、道はなさそうである。

不均衡が造成される仕組み

かつて外為市場にとって最も重要な経済指標は、変動相場制に移行した意義を反映させたところの米貿易統計だった。しかし、もう随分前のことでいつ頃からだったかはっきりとは思い出せないが、その地位は毎週末金曜日に発表される米雇用統計に取って代わられた。現場もそれに対応して東京の為替ディーラーは貿易収支発表の時は止めて、雇用統計発表の時にディーリングルームに戻って来るようになった。

発表の結果次第では米国の金融政策を大きく左右することもあるし、同時に為替相場が大きく動くことも多い。さらに、そこで決まったトレンドが翌週に引き継がれるケースも多い。つまりこのことは、為替相場を決定する要因がモノの裏付けのある貿易・実需から変化して、金利・資本・投機の占める比重が格段と大きくなったことを意味している。このように金利動向によって為替相場が変動することを"金利相場"と言っている。

日銀が雇用の安定について特に目的としていないのに対して、米国の中央銀行であるFRBは「物価の安定」と「雇用の最大化」の2つの使命（デュアル・マンデートと呼ばれる）を担っている。そのため、FRBが金融政策を決定する際に雇用統計を最も重視する経済指標の1つとしているのは当然のことだし、マーケットもFRBに倣ってそれを最も注目して反応することは頷ける。

　一方で、日本が円安誘導のために政策金利を0.5％に引き下げた95年9月8日以降、リーマン・ショックの08年9月15日までの13年間、日米政策金利を比べてみると、日本が0.5％を超えない超低金利に押さえつけていた間、米国は実に50回ほど変更している。しかも常に米国の金利は日本よりも高い。実体経済とは50回も金利を変えるほど、それほど短期間に急激に変化するとも思えないが、それはさて置くとしても、ドル／円相場では日米金利差が常に下支え要因となってきた。そして、その日米金利差が円キャリートレードを誘う大きな要因ともなり、同時にドル高・円安は日米間の不均衡を拡大させる要因ともなっている（図表 終章-1を参照）。

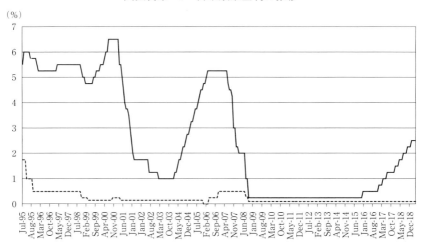

図表終章-1　日米政策金利の推移

出所：日本銀行、米FRB

もちろん、マーケットを動かす米国の経済指標は雇用統計に限ったものではない。GDP（国内総生産）、鉱工業生産、物価指数、耐久財受注、小売売上高、個人所得、景気先行指数、住宅着工件数など、いっぱいある。トレンドにならないこともあるが、外為市場はそれぞれの指標に対してそれなりに反応して相場は動く。

　ところが、日本の経済指標には外為市場はほとんど反応しないようになってしまったのだ。あれだけ安倍首相がアベノミクスの成果だと喧伝し、日銀が異次元緩和の効果と主張している有効求人倍率が上昇しても、外為市場で円が買われることは決してない。GDP、鉱工業生産、物価、国際収支などどんな経済指標にもドル/円相場はピクリともしない。それは実に不可解な現象ではある。しかし、それこそが変動相場制における外為市場の調整機能が一切ワークしていないことの証左である。その結果、不断に日米不均衡が蓄積されることになるのだ。そして、特に近年の外為市場が主にグローバルな株式市場を睨んでの円キャリートレードの拡大と解消が主流を占めようになってしまったのである。

　グローバルな金融市場において円安・株高、円高・株安という現象が顕著になった背景には、市場参加者にとって常に円キャリートレードを拡大させたいという普遍の誘惑が存在することがある。世界各国に共通することして、資本主義経済の下では株式市場の下落を願う者は、まずいない。企業経営者や株主はもちろんのこと、政府も一般国民も皆株高を願う。だから外為市場では常に円売りへのバイアスがかかり、一度円キャリートレードに手を染めると、まるで麻薬中毒患者のように止められなくなってしまうのだ。

　本来アベノミクスが成功して雇用が改善したなら円は買われなければならない。デフレと言えるような状況ではなくなったなら金利の正常化を見通して円は買われなければならない。足元の景気回復が戦後最長になろうとしているなら円は買われなければならない。輸出主導で景気が回復しているなら円は買われなければならない。それにもかかわらず外為市場はそれらを反映した動きになっていない。19年2月時点での円の実質実効為替レート指数はほとんど73年2月14日変動相場制移行直後のレベルなのだ（図表6-4　実質実効為替

レート指数と実際のドル／円相場を参照)。

　当時のドル／円相場は1ドル＝265円ほどだったから、19年2月時点での1ドル＝110円程度でも"超円安"と言える水準であることは直観的に理解できるだろう。そして、リーマン・ショックに至るきっかけとなったパリバ・ショックが起きた07年7月の実質実効為替レート指数よりも円安水準なのだから、いつ大規模な円安是正＝円キャリートレードの巻き戻しが起きてもおかしくない。各国通貨・金融当局がこうした"金利相場"が支配してしまった外為市場の構図を軽視・無視した状態が長い間続くと、本来変動相場制が持つ調整機能が働かなくなり、不均衡は維持不可能な水準にまで達してしまう。外為市場の参加者が利益を追求しようとすればするほど、自動的にその水準は高くなる仕組みなのである。

　日本政府はこの仕組みを理解していない。あるいは円安誘導を続行するために無視している。19年1月17日、東京で開かれた主要20カ国・地域（G20）財務相・中央銀行総裁代理会議で、今年の議長国である日本政府は「世界経済の不均衡（グローバル・インバランス）」問題などを主要議題とすることを提案した。「今回、日本があえてこの問題を取り上げるのは、自国の貿易赤字ばかりを気にするトランプ米大統領を牽制するためだ」（朝日新聞、19年1月18日）という。自らの手で世界経済の不均衡（グローバル・インバランス）を造成しながら、それをG20の議題にするというのだから滑稽としか言いようがない。提案はG20各国から円安誘導政策の正体を暴かれないようにするための隠ぺい工作に他ならないのだ。

　こうして造成された不均衡は、いずれ遅かれ早かれいつか必ず是正される運命にある。そして、不均衡が大きくなればなるほどその崩壊のスケールも大きくなる。それがどのような具体的な形となって現れるのか、どの市場で現れるのかは事前に予想することは困難だが、外為市場において円安是正という形になって現出することは確かだろう。それだけは覚悟しておいた方がいい。

　昭和のバブル生成は円高阻止・円安誘導のために低金利政策を続けたことだった。87年10月19日のブラックマンデーは、為替安定を目指したルーブル合意を順守するための主要国の金融政策協調が破綻したためだった。リーマ

ン・ショックにいたった原因は同じく円高阻止・円安誘導のための異常なドル買い・円売り介入と長引く超低金利政策で円キャリートレードを拡大させ「円安バブル」が崩壊したことだった。こうした歴史が今に教えることは、円を操作するために金利を操作してはならない、為替を金融政策の目的にしてはならない、ということである。

円キャリートレードは七難隠す

　世界経済にとって克服すべきいくつかの大きな困難が、今我々の目の前に立ちはだかっている。外為市場を通して筆者が特に注目しているのが以下の5つの行方である。米中貿易戦争、英国の合意無きEU離脱、ギリシャやイタリアなどに見られる欧州危機、中国のバブル崩壊、そして異次元緩和と日米貿易交渉。

　米中貿易戦争はトランプ米大統領が16年秋の大統領選期間中に、米中貿易不均衡を問題視したしたときから始まったものである。その選挙公約に従って17年4月7日、初の米中首脳会談では貿易不均衡是正に向けた「100日計画」を策定することで合意した。しかし、その後は米中両国譲らず、関税合戦を繰り返し現在にいたっている。こうした過程では、米国が中国からの輸入品に高関税を課すと報道されるたびに外為市場は円買いで反応はした。しかし、トランプ氏が大統領選で当選が決まった16年11月9日のドル／円相場は105.89円から101.19円まで急落したのに、現状のレベルはそれより大幅なドル高・円安だ。

　英国の合意無きEU離脱についての混乱は日を追うごとに状況は不透明感が増しているが、その始まりは16年6月23日に実施された国民投票であり、翌日開票結果が判明したときにポンド／円相場は高値160.15円から133.33円まで大暴落。そして、16年10月7日に123.35円を示現している。しかし、現状のレベルはそれより大幅なポンド高・円安だ（図表 終章-2を参照）。

　欧州危機は09年10月、ギリシャの財政赤字粉飾が発覚したのがそもそもの始まりである。その後はギリシャだけでなくアイルランド、ポルトガル、ス

図表終章-2　ポンド／円相場の推移（16年～19年3月）

ペイン、キプロスがEUからの金融支援を受けている。最近ではイタリアの財政危機も深刻だ。こうしたユーロ圏内の混乱は単一通貨ユーロが当初目指していた経済収斂に反して不均衡拡大に向かっている。この間のユーロ／円相場は12年7月24日に安値94.12円をつけているが、現状のレベルはそれより大幅なユーロ高・円安だ。

　中国のバブル崩壊、あるは景気急減速については、米国におけるリーマン・ショックのような象徴的な事件が発生していないため、具体的にいつから始まったかを特定することはできない。しかし、上海株式市場は15年6月12日に約7年5カ月ぶりの高値をつけた後に暴落が始まった。その後、中国人民銀行が15年8月11日～13日の3日間で人民元を4.5％大幅引き下げに踏み切ると再び下落が加速。さらに16年1月にも急落し、18年12月には2,500ポイントを割り込んだ。この間、外為市場の主要通貨の中で最も中国経済を反映する豪ドル／円相場は16年6月24日に72.50円、19年1月3日に70.20

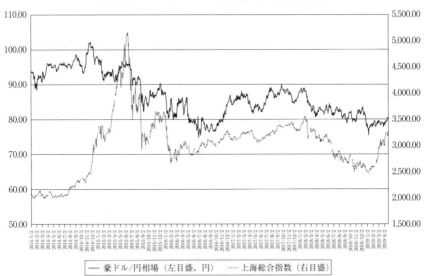

図表終章-3 豪ドル／円相場と上海総合指数

円をつけている。図表 終章-3を見てお分かりのように、豪ドル／円相場については比較的素直に中国のバブル崩壊を織り込んでいると言えそうである。

日銀による異次元緩和と日米貿易交渉は以上4つの困難の行方とは別に、円相場自体の行方を根本から決定づけるものである。安倍首相は18年9月14日、自民党総裁選での公開討論会で異次元緩和は「ずっと続けてよいとは思わない」と述べ、「異次元緩和からの出口にたどり着けるか」との質問に対して「私の任期のうちにやり遂げたい」と語っていた。マーケットは首相の"口だけ"を見抜いて無反応だったが、異次元なことをいつまでも続けられないことだけは確かだ。また、米国が日米貿易交渉で為替も議題になることを明言していることについては、日本側は異次元緩和が円安誘導目的であることがバレることを恐れて、交渉態度は及び腰だ。

5つの世界経済にとって大きな困難はいずれも円キャリートレードを解消する要因であり、その深刻さが増せば増すほど円は強くなるべきである。しかし、多くの場合、現状はそうなっていない。"織り込み済み"で片づけるにはいずれも奥が深い。つまり、金利差を主因とする円キャリートレードが、世

界経済の困難は解決の方向へ向かっていると思わせている、あるいは「なかったこと」にしてしまっているのだ。「色白は七難隠す」ということわざになぞらえれば、「円キャリートレードは七難隠す」のである。そんなものに騙されて世界経済が良好だなどと錯覚してしまうのは非常に危険だ。せめて読者だけは、パリバ・ショック前夜に世界経済を絶賛したG7（17年4月13日）と同じ轍を踏むことがないことを祈る。

特別な豪ドル／円相場

このように変質してしまった外為市場の中でも、豪ドルの円に対する相場は最も素直に多くの世界情勢を織り込むことができる貴重な存在だ。地理的にも近いためか、日本の投資家の中で最も人気が高い通貨ペアの一つである。欧州の投資家にとっても昔は豪ドル／マルク、今はユーロ／豪ドルとして人気の高い通貨だ。

BIS（国際決済銀行）によれば、豪ドル／ドルは外為市場における通貨別取引高のシェアで4番目の5.2％を占め（16年4月の月間1日当たりの平均取引高）、メジャー通貨の一つであり、それだけ豪ドル取引には厚みがある。そして、政策金利が現在1.50％で円キャリートレードにはうってつけの通貨だ。しかも資源国通貨の代表格であり、豪州にとって中国が最大の輸出相手国であることも特別だ。したがって、原油価格も反映した資源国通貨として世界経済との連動性が高く、米中貿易戦争や中国のバブル崩壊を反映して人民元や上海株との連動性も高い（図表 終章-2 豪ドル／円相場と上海総合指数を参照）。同じ東京時間でもマーケットが日本の経済指標にほとんど反応しないのに対して、豪州のGDP、雇用時計、貿易収支など主な経済指標には素直に反応する。

他にマーケットを動かす重要なイベントがRBA（オーストラリア準備銀行）の政策金利発表である。RBAの金融政策の目的は、通貨価値の安定、最大雇用の維持、経済的繁栄と人々の幸福、とされている。決定内容は日銀と違ってあらかじめ決められた時間（日本時間13：30）に公表される。同時に声明文で「豪ドルは依然として不快なほど高い」などと自国通貨の価値について

RBA の見方を示しマーケットをけん制することもある。豪州の雇用統計が重視されるのは最大雇用の維持が RBA の政策目的になっているからである。

例えば RBA の利上げが発表されたとすると、豪ドル買い・ドル売りが活発化し、同時に円キャリートレードも活発となってドル買い・円売りが発生、ドル／円相場が上昇する。しかし上海株が急落すると豪ドル売り・ドル買いが優勢となり、同時に円キャリートレードの解消が優勢となってドル売り・円買いが発生、ドル／円相場が下落する。ニューヨーク市場に入って原油価格が上昇すると再び豪ドル／円の買いが沸き上がり、それがドル／円を押し上げる。こんな動きを見せてくれる豪ドル／円相場はグローバルな金融市場を俯瞰する上で最適な通貨ペアと言える。世界情勢の変化をより深く理解する手助けにもなるだろう。

適正相場水準について

変動相場制移行後のドル／円相場は常にドル高・円安方向に操作されてきたのだから、実際のそれは本来あるべき適正相場水準、ないしは均衡相場水準というものとは常にかけ離れて推移してきたはずである。それがどのくらいの水準なのか探ってみたい。その際最も重要なヒントを与えてくれるのが、「2000年問題」が意識された 99 年 12 月 31 日のニューヨーク市場終値（＝ 102.20 円）である（第 5 章で触れた）。

この 1 ドル＝ 102.20 円という相場水準こそ変動相場制移行後、その瞬間ただ一度だけ現出した「99 年 12 月 31 日ニューヨーク時間午後 5 時時点における均衡相場」なのである。なぜなら、市場参加者は「2000 年問題」による為替リスクを避けるために、為替特有のリーズ・アンド・ラグズ（市場参加者が為替売買の時期を早めたり遅らせたりする行為）を最小化し、適正なポジションに収めるようにしたと考えられるからである。

そこで、2000 年初めから 18 年 12 月まで、為替の需給に大きな影響を与える日本の貿易収支と経常収支がどれだけ変化したか確認してみよう。この間の累積貿易収支は 105.1 兆円の黒字（サービスを含めた累積貿易・サービス収支

図表終章-4　国際収支状況（00年〜18年）

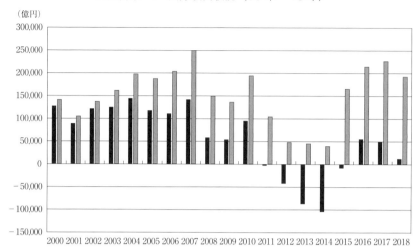

出所：財務省、国際収支状況

は40.6兆円の黒字）、累積経常収支は289.1兆円の黒字だった（図表 終章-4を参照）。これだけ巨額の黒字だから、現在のおよそ1ドル＝100円を上回るドル高・円安水準は適正相場水準から大きく乖離して、相当ドルが過大評価され、円が過小評価されていると判断できる。その幅は数十円にも及ぶだろう。

　適正相場水準を探るもう一つの方法は購買力平価（PPP）に基づく試算である。購買力平価は国際通貨研究所（IIMA）が毎月発表しているものを参考にする（図表 終章-5 ドル／円相場の購買力平価と実勢相場（19年2月））。「理論的にまったく貿易障壁のない世界を想定すると、そこでは国が異なっても、同じ製品の価格は1つであるという『一物一価の法則』が成り立ちます。この法則が成り立つ時の2国間の為替相場を購買力平価と言います」（IIMAの解説より引用）。

　IIMAが算出しているPPPには「消費者物価PPP」「企業物価PPP」「輸出物価PPP」という3つの種類がある。これら3つのPPPについて、筆者が均衡相場水準と見做した99年12月の数値を確認すると、それぞれ180.80円、

図表終章-5　ドル/円相場の購買力平価と実勢相場（19年2月）

123.25（消費者物価）
111.60（実勢相場、3/20時点）
96.33（企業物価）
72.77（輸出物価）

――実勢相場　――消費者物価PPP　‥‥企業物価PPP　‐‐‐‐輸出物価PPP

出所：国際通貨研究所（IIMA）

138.70円、102.38円となっている。つまり輸出物価PPPが「99年12月31日ニューヨーク時間午後5時時点における均衡相場」＝102.20円とほとんど同じなのだ。また、輸出物価PPPの推移はその方向や変動幅が実勢相場と良く似通っている。

　そこで19年2月の輸出物価PPPを確認すると72.77円である。これでいかに現在の相場水準が大幅にドル高・円安に傾いているかお分かりだろう。もっと突き詰めれば、これまでの巨額のドル買い・円売り介入分を考慮すると、現在の適正相場水準はさらに大幅なドル安・円高水準となるのである。

　だが、18年末時点での現実の相場水準は、こうして筆者が推計した適正相場水準に比べて大幅なドル高・円安水準を維持している。それはなぜなのだろうか。プラザ合意後のドル安・円高時代の頃、NHKの日曜討論で円高に苦しむ大手輸出メーカーの社長がこんなことを話していたのを思い出す。「輸出企業がドルを売るから円高になるのだ。だからドルを売らなければいいのだ」と。

　つまり、実際の相場水準が適正相場水準とかけ離れているのは、遅かれ早かれいずれドル売り・円買いしなければならない人たち、つまり、輸出業者だ

けでなく外国債券・株に投資した日本の機関投資家や銀行も、公的・準公的資金も、内外の投機筋も、それを手控えているからなのである。多くの市場参加者がドルを買いっぱなしにしているのだ。安倍政権が演ずる日米蜜月だからと言って、まさか日本国民が円の"ドル化"を望んでいるとは思えない。だから、ドル売り・円買いが少しずつ出回ることで、時間の経過とともにドルの上値は重くなる。そして何らかのきっかけで一気にドル安・円高方向への水準訂正が起きる。

付け加えると、第6章で解説したように、為替市場が株式市場を支配していると考える筆者は、実際の相場が適正相場水準に近づいていくに従って、円キャリートレードの巻き戻しによる株式市場の大幅な下方修正を予想せざるを得ないのだ。

　　ユーロについて

最後に補足として、単一通貨＝ユーロについて触れておきたい。ユーロは99年1月4日に外為市場での最初の取引が始まった。当日の相場は1ユーロ＝1.18ドル、1ユーロ＝135円程度だったが、その後の相場推移はほぼ一貫して下落基調を辿り、00年10月26日に対ドルで0.8228ドル、対円で88.93円の史上最安値をつけた。1年10カ月ほどで導入以来の下落率は3割に達する。この頃に下げ止まったのは00年9月22日の日米欧による協調ユーロ買い介入があり、さらに11月3日にECBが単独でユーロ買い介入したからである（図表 終章-6を参照）。

ドルに次ぐ「第2の基軸通貨」とまでもてはやされたユーロがなぜこれほどまでに売られたのか。そこには現在でも参考にしてよい2つの大きな要因があったと思う。1つは為替相場の変動を予想して、輸出入業者などが売買の時期を早めたり遅らせたりする大規模なリーズ・アンド・ラグズである。振り返れば、外為市場でユーロの誕生を強く意識し始めたのは、通貨統合の方向を決めた92年2月にマーストリヒ条約（欧州連合条約）が調印された頃からである。その後、ユーロ発足に向けて参加基準を満たすために各国の準備も着々と

図表終章-6 ユーロ/ドル相場の推移

1.6040（08/7/15）

ユーロ買い協調介入（00/9/22）
0.8228（00/10/26）

出所：日本銀行「時系列統計データ」

進み、99年1月1日に誕生を迎えることとなった。

　この頃、街の本屋には「ユーロ本」が所狭しと並べられるなど、ユーロに対する期待と夢はいやが上にも高まるばかり。これがユーロ導入前のマルク買いを早めさせ、巨額のマルク＝ユーロロングポジションが造成されてしまったのである。つまり、市場全体ではユーロ導入前にマルク＝ユーロの売りが手控えられた一方で、マルク＝ユーロの買いは数年先まで手当てされているという状況になり、結果としてユーロ発足以降はユーロの売り手ばかりが目立ち、買い手はまったく見当たらないということになってしまったのである。

　実際、ユーロ／円の急落場面ではユーロ／ドルとドル／円の2つの通貨ペアが同時に数十ポイントも値が飛んで尋常な出合い方ではなかった。第3章で紹介した湾岸戦争開始時の相場展開のように、外為市場で何か大きなテーマが長期間続いている時は市場全体のポジションが片方に大きく傾いてしまうこと

があり、その反対売買には十二分に注意したい。現在においては日銀の異次元緩和というテーマが6年ほど継続している。

　当時のユーロ急落のもう1つの要因はきわめて単純で、日本の大規模ドル買い・円売り介入のユーロ／ドル相場に対する影響である。一般的にドル買い・円売り介入でドルが上昇すると、どうしても円以外の通貨に対するドル相場にも上昇圧力がかかることになる。ユーロ／ドル相場については、ユーロ／円相場が中立である限り、ドルに上昇圧力がかかってユーロは対ドルで安くならざるを得なくなるのだ。

　さて、以下では複数の国を一つの通貨で纏めるということの本質的な意味を、円を反面教師として考えてみたい。変動相場制移行後、ほとんどの国民は「円高」「円安」という判断基準を無意識の内に1ドル＝360円に置いてきた。その為替レートは廃墟の中から逸早く戦後復興できるよう、輸出に圧倒的に有利な"超超"円安の水準で固定されたものである。ただし、その基準は戦争に負けたからあり得たのであって、敗戦前は4円25銭だった。そして、日本経済が発展していくに従って円安が是正され、元に戻ろうとする動きはきわめて自然なことである。

　しかし、変動相場制移行以来長年にわたって、その自然な動きをドル買い・円売り介入で阻止してきたのが日本であり、具体的に今あるのは1ドル＝100円を中心として上下ほぼ25円のバンド幅を持つ実質的な固定相場である。これでは変動相場制が機能しなくなるのは当然だ。これと同じ過ちを犯したのが単一通貨＝ユーロである。経済構造、政治、文化、社会などそれぞれ異なった19カ国で同じ単一通貨を使用することは、実質的に域内で固定相場を採用していることと同じである。その意味で、ユーロという「単一通貨」は本質的に"欠陥商品"なのだ。

　およそ19カ国の総体としての通貨の価値を、我々はどうやって見いだすことができるのだろうか。例えば、ドイツが好景気に沸いている時、フランスが全国的な組合ストに突入し、同時に、イタリアとギリシャでは失業者が急増しているとき、ユーロははたして買いなのか売りなのか。19カ国の総体としての通貨の価値など、おそらく神様にも分からない。ユーロという単一通貨を導

入したそもそもの目的は、欧州の政治統合を目指したことだった。しかし、通貨価値すら見いだせない単一通貨によって欧州の政治統合を果たすことなど、不可能なことなのだ——お金で人の心は買えない。

「悪貨は良貨を駆逐する」という諺がある。質の粗悪な貨幣が流通するようになると、質の良い貨幣は貯蔵されて用いられなくなり、悪貨だけが市場で流通するようになるという意味である。これは単一通貨を導入した国々によく当てはまる事象と言える。つまり、19カ国の中でポジティブな国（あるいは、要因）とネガティブな国（あるいは要因）があった場合、全体としてはどうしてもネガティブな国（あるいは、要因）に引っ張られてしまう、ということである。例えば、ユーロの中で一人勝ちとなったドイツは、周辺国からの批判もあり、結局はギリシャなど危機に陥った国々を救済する役回りを演じなければならなくなった。19カ国間の為替レートが固定されては、域内に存在する不均衡も拡大する一方だ。

単一通貨ユーロは自らの価値を自らの手で見いだせないのだから、例えば米国の金利動向や円キャリートレードの拡大・解消など、相手国の状況変化に左右される形でしか価値を決めることができない。したがって、現状のユーロ相場を00年9月26日に史上最安値をつけた後の戻り局面と認識すると、日米サイド＝ドルと円に相当大きな売り材料が出現しない限りユーロの上昇は期待しがたい。このような本質的な欠陥を内包している「単一通貨」＝ユーロを採用している限り、欧州に未来はない。

日本においては民主党鳩山政権の頃一時、東アジア共同体構想を進める上で地域的な通貨統合＝「アジア共通通貨」の実現を目標としていたことがあったようだ。しかし、これだけは絶対に実現させてはならない。

おわりに

　日本の通貨「円」が変動相場制に移行してから現在に至るまでの歴史を振り返ると、当初から日本国民の自国通貨安＝円安志向が他国に比べて異常に強く、時の政権もその志向に応えて他のどのような経済政策と比較しても最も重要な政策として位置づけ、金融政策さえ犠牲にして円安誘導政策を遂行してきた。そして、円安は総理・総裁になるため、政権を維持するための絶対必要条件ともなった。

　日本国民の円安志向は敗戦からの復興の成功体験から発生したものと思われるが、その成功体験は輸出主導型の経済成長だったことから、これまでの円安誘導政策は明らかに輸出産業を助成することが目的だった。しかし、今や円安目的の異次元緩和で民間銀行の経営が成り立たなくなってきている。つまり、今日本は輸出産業を取るか銀行を取るかの二者択一を迫られる局面に突入したのである。

　そして、日本政府による円安誘導政策も半世紀近くに及ぶと、ついにと言うべきか、その手段を使い果たしてしまった。同時に、円安誘導によって日本が失ったものも大きい。また、円キャリートレードがグローバルな株式市場を左右したり、不均衡を拡大させるなど、世界経済に対する悪影響も計り知れない。

　筆者はこんな政策は一刻も早く取り下げて欲しいと願っているが、一縷の望みにかけるとすれば、黒田日銀総裁が23年4月までの在任期間中に異次元緩和から決別して金融正常化への道筋をつけることである。黒田日銀総裁はアジア開発銀行総裁だったとき、時期はリーマン・ショックの直後だったが、次のように語っている。「今回の危機の背景には、米国とアジアなどの国々の間で、貿易やサービスなどの帳尻を示す経常収支の不均衡が広がっていたことがある」（朝日新聞、08年11月4日）と。黒田総裁はグローバルな危機の根因が経常収支の不均衡だったことを明確に認識しているのだ。したがって、その不

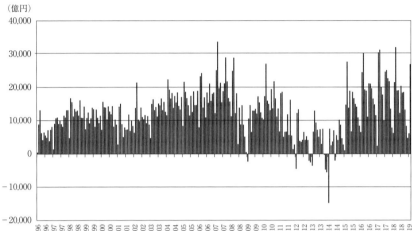

図表おわりに　経常収支の推移（月次）

出所：日本銀行「時系列統計データ」

均衡を造成したのが円安であることも、口にこそ出さないが、十分認識しているはずだ。

　一方で、黒田総裁は「金融緩和の継続が、貸出利鞘の縮小などによる収益力低下を通じて、金融機関の経営体力に累積的な影響を及ぼし、金融システムの安定性や金融仲介機能に影響を与える可能性があることは十分に認識しています」（18年11月5日）とも語っており、中央銀行が民間銀行を破綻に追いやることはさすがに良心の呵責を感じているようだ。

　何度もサプライズを演出した経験のある黒田総裁だから、「緩和出口の議論は尚早」と語った翌日に政策転換することなど朝飯前だろう。かつての上司で、財務省国際金融局長と財務官として円安誘導政策を主導した榊原英資氏は円高論者に豹変した。黒田日銀総裁も上司に見習ったらどうか。

　日本国民が自ら円安志向を変えられない以上、円安誘導政策を放棄する必要性を理解し断行する資格を持つ者は、財務官として実弾介入の無力さをも知り尽くしている黒田日銀総裁以外、今は誰もいない。安倍首相の自民党総裁任期である21年9月末を超える、2期10年、23年4月8日までという日銀総

裁在任期間は、日本銀行が真に政治からの独立を果たすために天が与えた幸運だ。それとも筆者は安倍政権の崩壊を待つしかないのか？

付　録

実弾介入の実施状況（91年以降の詳細）
日経平均株価とニューヨークダウの推移
（00年1月〜19年3月）

■ 実弾介入の実施状況（91年以降の詳細）

実施日	金額 （億円）	ドル／ 円安値	ドル／ 円高値	その半値	ドル額 （億ドル）	持ち値 （円）
1991/5/13	－139	138.77	139.68	139.23	－1.0	
1991/6/10	－211	140.30	141.95	141.13	－1.5	
1991/6/13	－213	141.15	142.02	141.59	－1.5	
1992/1/17	－63	124.10	128.60	126.35	－0.5	
1992/2/17	－127	126.80	128.28	127.54	－1.0	
1992/2/20	－769	127.40	128.90	128.15	－6.0	
1992/3/4	－138	130.85	132.15	131.50	－1.0	
1992/3/11	－249	132.95	134.10	133.53	－1.9	
1992/4/1	－367	132.38	134.85	133.62	－2.7	
1992/4/27	－738	132.90	134.95	133.93	－5.5	
1992/4/28	－731	132.65	133.45	133.05	－5.5	
1992/4/30	－200	133.13	133.67	133.40	－1.5	
1992/5/22	－520	129.20	130.18	129.69	－4.0	
1992/5/27	－324	129.51	130.38	129.95	－2.5	
1992/5/28	－507	129.45	130.27	129.86	－3.9	
1992/5/29	－322	127.52	129.33	128.43	－2.5	
1992/6/2	－420	127.08	127.98	127.53	－3.3	
1992/6/3	－305	126.80	127.88	127.34	－2.4	
1992/6/4	－178	127.13	128.26	127.70	－1.4	
1992/6/10	－192	127.40	127.85	127.63	－1.5	
1992/6/18	－255	126.60	127.70	127.15	－2.0	
1992/6/25	－127	125.05	126.74	125.90	－1.0	
1992/7/24	－286	126.53	128.18	127.36	－2.2	
1992/7/27	－192	127.35	128.20	127.78	－1.5	
1992/8/7	－128	127.23	128.00	127.62	－1.0	
1992/8/11	－32	127.67	128.12	127.90	－0.3	
1993/4/2	365	113.45	114.55	114.00	3.2	
1993/4/5	228	113.30	114.10	113.70	2.0	
1993/4/6	114	113.65	114.70	114.18	1.0	
1993/4/8	511	112.85	113.80	113.33	4.5	

1993/4/9	51	113.05	113.58	113.32	0.5	
1993/4/12	339	112.70	113.04	112.87	3.0	
1993/4/13	397	112.60	113.63	113.12	3.5	
1993/4/19	722	110.70	111.65	111.18	6.5	
1993/4/20	442	110.25	111.38	110.82	4.0	
1993/4/21	772	109.90	111.30	110.60	7.0	
1993/4/22	1,381	109.80	111.70	110.75	12.5	
1993/4/23	387	109.90	111.60	110.75	3.5	
1993/4/26	497	110.25	110.65	110.45	4.5	
1993/4/27	550	109.25	111.95	110.60	5.0	
1993/5/5	298	109.95	110.45	110.20	2.7	
1993/5/6	198	109.95	110.40	110.18	1.8	
1993/5/7	637	109.65	110.40	110.03	5.8	
1993/5/26	1,251	108.40	109.21	108.81	11.5	
1993/5/27	1,135	107.10	108.80	107.95	10.5	
1993/5/28	690	106.85	107.75	107.30	6.4	
1993/5/31	762	107.15	107.72	107.44	7.1	
1993/6/1	953	106.80	107.40	107.10	8.9	
1993/6/2	278	106.85	107.65	107.25	2.6	
1993/6/3	646	107.08	107.95	107.52	6.0	
1993/6/4	108	106.85	107.98	107.42	1.0	
1993/6/8	772	106.05	107.16	106.61	7.2	
1993/6/10	679	105.83	106.60	106.22	6.4	
1993/6/11	478	105.83	106.60	106.22	4.5	
1993/6/14	632	105.05	105.85	105.45	6.0	
1993/6/15	735	104.80	105.95	105.38	7.0	
1993/6/28	105	105.00	106.33	105.67	1.0	
1993/7/30	366	104.35	106.35	105.35	3.5	
1993/8/2	157	104.15	105.30	104.73	1.5	
1993/8/3	574	104.00	104.65	104.33	5.5	
1993/8/4	157	104.35	105.08	104.72	1.5	
1993/8/5	104	103.90	105.25	104.58	1.0	
1993/8/11	540	103.52	104.70	104.11	5.2	

1993/8/12	372	102.90	103.75	103.33	3.6	
1993/8/13	645	101.80	102.90	102.35	6.3	
1993/8/16	870	100.93	101.72	101.33	8.6	
1993/8/17	2,002	100.40	102.30	101.35	19.8	
1993/8/19	170	101.10	106.75	103.93	1.6	
1993/8/20	524	104.43	105.15	104.79	5.0	
1993/8/23	238	103.00	103.95	103.48	2.3	
1993/8/24	714	102.88	104.00	103.44	6.9	
1993/8/25	376	103.60	105.20	104.40	3.6	
1993/8/26	158	104.15	105.55	104.85	1.5	
1993/8/27	234	103.64	104.87	104.26	2.2	
1993/9/7	218	103.55	104.65	104.10	2.1	
1994/2/15	431	101.90	104.00	102.95	4.2	
1994/2/16	341	103.10	104.25	103.68	3.3	
1994/2/18	187	103.55	104.98	104.27	1.8	
1994/2/21	409	104.48	106.85	105.67	3.9	
1994/2/23	504	104.56	106.55	105.56	4.8	
1994/2/28	573	103.95	104.75	104.35	5.5	
1994/3/2	725	104.28	105.07	104.68	6.9	
1994/3/3	499	103.37	104.50	103.94	4.8	
1994/3/4	314	103.61	105.80	104.71	3.0	
1994/3/29	602	103.05	104.30	103.68	5.8	
1994/3/30	648	102.40	103.60	103.00	6.3	
1994/3/31	370	102.12	103.48	102.80	3.6	
1994/4/1	268	102.70	103.78	103.24	2.6	
1994/4/4	83	103.05	104.25	103.65	0.8	
1994/4/5	309	102.87	104.80	103.84	3.0	
1994/4/11	207	103.05	105.22	104.14	2.0	
1994/4/12	340	102.90	103.75	103.33	3.3	
1994/4/14	103	102.70	104.45	103.58	1.0	
1994/4/19	206	102.72	103.38	103.05	2.0	
1994/4/21	309	102.56	103.95	103.26	3.0	
1994/4/28	306	101.28	102.62	101.95	3.0	

付　録　*163*

1994/4/29	506	100.65	102.50	101.58	5.0	
1994/5/2	214	101.40	102.00	101.70	2.1	
1994/5/3	253	100.90	101.83	101.37	2.5	
1994/5/4	357	100.81	102.45	101.63	3.5	
1994/6/20	102	101.81	102.73	102.27	1.0	
1994/6/21	535	99.85	102.22	101.04	5.3	
1994/6/22	1,090	100.20	101.27	100.74	10.8	
1994/6/23	233	100.75	101.65	101.20	2.3	
1994/6/24	1,363	100.00	101.90	100.95	13.5	
1994/6/27	760	99.50	100.70	100.10	7.6	
1994/6/29	447	98.55	100.05	99.30	4.5	
1994/6/30	148	98.35	99.15	98.75	1.5	
1994/7/1	706	97.68	99.77	98.73	7.2	
1994/7/11	292	96.95	98.60	97.78	3.0	
1994/7/12	58	96.60	97.57	97.09	0.6	
1994/8/18	169	98.52	100.10	99.31	1.7	
1994/8/19	384	98.15	98.87	98.51	3.9	
1994/8/22	255	97.72	98.70	98.21	2.6	
1994/8/23	372	97.68	98.56	98.12	3.8	
1994/8/24	254	97.55	99.10	98.33	2.6	
1994/8/25	60	98.98	99.85	99.42	0.6	
1994/9/6	188	98.57	99.43	99.00	1.9	
1994/9/14	296	98.40	99.28	98.84	3.0	
1994/9/19	148	98.43	98.95	98.69	1.5	
1994/9/20	157	97.60	98.68	98.14	1.6	
1994/10/3	157	98.10	100.10	99.10	1.6	
1994/10/14	197	98.10	99.45	98.78	2.0	
1994/10/17	616	97.25	98.53	97.89	6.3	
1994/10/19	458	96.80	97.77	97.29	4.7	
1994/10/21	388	96.55	97.55	97.05	4.0	
1994/10/25	97	96.40	97.17	96.79	1.0	
1994/11/1	97	96.46	96.98	96.72	1.0	
1994/11/2	1,057	96.11	98.00	97.06	10.9	

1994/11/3	491	97.30	98.31	97.81	5.0	
1995/2/17	409	97.00	97.73	97.37	4.2	
1995/2/20	223	96.70	97.30	97.00	2.3	
1995/2/23	155	96.60	97.25	96.93	1.6	
1995/2/24	328	96.40	97.40	96.90	3.4	
1995/2/27	68	96.58	97.53	97.06	0.7	
1995/3/1	183	96.30	96.90	96.60	1.9	
1995/3/2	482	94.90	96.76	95.83	5.0	
1995/3/3	1,086	93.70	95.65	94.68	11.5	
1995/3/6	1,167	92.43	94.05	93.24	12.5	
1995/3/7	278	89.00	93.03	91.02	3.1	
1995/3/9	182	90.18	92.45	91.32	2.0	
1995/3/13	757	89.88	91.04	90.46	8.4	
1995/3/14	409	90.58	91.45	91.02	4.5	
1995/3/15	704	89.32	90.80	90.06	7.8	
1995/3/16	628	89.10	90.40	89.75	7.0	
1995/3/17	492	88.85	90.34	89.60	5.5	
1995/3/20	134	88.65	89.95	89.30	1.5	
1995/3/21	622	88.35	89.45	88.90	7.0	
1995/3/22	178	88.66	89.35	89.01	2.0	
1995/3/23	442	87.97	89.05	88.51	5.0	
1995/3/24	2,037	88.08	89.25	88.67	23.0	
1995/3/27	846	88.57	89.80	89.19	9.5	
1995/3/28	580	88.65	89.75	89.20	6.5	
1995/3/29	842	88.00	89.15	88.58	9.5	
1995/3/30	1,334	88.10	90.25	89.18	15.0	
1995/3/31	3,388	86.30	89.90	88.10	38.5	
1995/4/3	1,255	85.97	87.23	86.60	14.5	
1995/4/5	432	85.70	86.63	86.17	5.0	
1995/4/6	684	85.11	86.35	85.73	8.0	
1995/4/7	252	83.60	85.43	84.52	3.0	
1995/4/10	1,407	80.15	84.50	82.33	17.1	
1995/4/14	503	83.27	84.02	83.65	6.0	

1995/4/17	371	81.65	83.20	82.43	4.5	
1995/4/18	82	80.57	82.10	81.34	1.0	
1995/5/31	635	82.55	85.45	84.00	7.6	
1995/6/28	430	83.63	86.10	84.87	5.1	
1995/7/7	579	84.95	87.15	86.05	6.7	
1995/8/2	6,757	88.05	91.00	89.53	75.5	
1995/8/11	935	92.57	94.00	93.29	10.0	
1995/8/15	482	93.25	97.40	95.33	5.1	
1995/9/6	2,264	97.60	99.18	98.39	23.0	
1995/9/8	8,576	98.60	100.20	99.40	86.3	
1995/9/22	5,991	98.00	100.95	99.48	60.2	
1996/2/20	4,383	103.96	106.60	105.28	41.6	
1996/2/21	1,102	104.75	106.00	105.38	10.5	
1996/2/22	945	104.65	105.65	105.15	9.0	
1996/2/23	2,310	104.47	105.35	104.91	22.0	
1996/2/27	7,297	103.35	104.80	104.08	70.1	
1997/12/17	−2,804	125.70	131.55	128.63	−21.8	
1997/12/18	−764	126.70	129.55	128.13	−6.0	
1997/12/19	−7,023	128.11	129.88	129.00	−54.4	
1998/4/9	−1,957	129.40	133.64	131.52	−14.9	
1998/4/10	−26,201	127.38	131.58	129.48	−202.4	
1998/6/17	−2,312	136.02	144.14	140.08	−16.5	
1999/1/12	6,563	108.62	112.98	110.80	59.2	
1999/6/10	1,665	117.62	119.94	118.78	14.0	
1999/6/14	14,059	117.85	120.88	119.37	117.8	
1999/6/21	9,272	120.60	122.55	121.58	76.3	
1999/7/5	7,837	120.84	122.90	121.87	64.3	
1999/7/20	1,792	117.96	119.80	118.88	15.1	
1999/7/21	4,052	118.04	119.70	118.87	34.1	
1999/9/10	6,401	107.68	109.99	108.84	58.8	
1999/9/14	3,794	105.18	107.21	106.20	35.7	
1999/11/29	7,244	101.61	104.08	102.85	70.4	
1999/11/30	4,104	101.33	103.10	102.22	40.2	

1999/12/24	3,704	101.80	103.15	102.48	36.1	
2000/1/4	5,753	101.46	103.30	102.38	56.2	
2000/3/8	1,501	106.02	107.50	106.76	14.1	
2000/3/15	8,468	104.74	106.25	105.50	80.3	
2000/4/3	13,854	102.82	105.65	104.24	132.9	
2001/9/17	4,955	116.65	118.33	117.49	42.2	
2001/9/19	3,774	117.10	118.15	117.63	32.1	
2001/9/21	12,874	116.05	117.48	116.77	110.3	
2001/9/24	1,172	116.30	117.64	116.97	10.0	
2001/9/26	943	117.11	108.08	112.60	8.4	
2001/9/27	4,871	117.72	120.05	118.89	41.0	
2001/9/28	2,866	118.67	119.75	119.21	24.0	
2002/5/22	5,871	123.50	125.10	124.30	47.2	
2002/5/23	4,991	123.87	125.34	124.61	40.1	
2002/5/31	10,312	123.02	124.60	123.81	83.3	
2002/6/4	3,727	123.25	124.40	123.83	30.1	
2002/6/24	4,290	121.02	122.80	121.91	35.2	
2002/6/26	5,687	118.92	121.95	120.44	47.2	
2002/6/28	5,046	118.36	120.39	119.38	42.3	
2003/1/15	83	117.77	118.70	118.24	0.7	
2003/1/16	570	117.65	118.35	118.00	4.8	
2003/1/17	1,376	117.40	118.15	117.78	11.7	
2003/1/20	59	117.80	118.33	118.07	0.5	
2003/1/23	990	117.65	118.83	118.24	8.4	
2003/1/24	1,484	117.53	118.19	117.86	12.6	
2003/1/27	2,066	117.55	119.30	118.43	17.4	
2003/1/29	153	117.85	118.71	118.28	1.3	
2003/2/24	927	117.58	119.00	118.29	7.8	
2003/2/25	3,178	117.00	118.23	117.62	27.0	
2003/2/26	258	117.05	117.64	117.35	2.2	
2003/2/27	3,615	116.85	117.80	117.33	30.8	
2003/2/28	2,636	117.62	118.28	117.95	22.3	
2003/3/3	2,155	117.05	118.29	117.67	18.3	

2003/3/4	928	117.43	118.10	117.77	7.9	
2003/3/7	2,431	116.36	117.48	116.92	20.8	
2003/3/10	4	116.42	117.14	116.78	0.0	
2003/5/8	6,914	116.00	117.07	116.54	59.3	
2003/5/9	2,166	117.05	117.63	117.34	18.5	
2003/5/12	3,302	116.33	117.25	116.79	28.3	
2003/5/13	3,037	116.36	117.55	116.96	26.0	
2003/5/14	3,971	115.55	116.87	116.21	34.2	
2003/5/15	2,257	115.30	116.64	115.97	19.5	
2003/5/16	698	115.85	116.55	116.20	6.0	
2003/5/19	10,401	115.10	117.50	116.30	89.4	
2003/5/20	2,283	116.65	117.40	117.03	19.5	
2003/5/21	2,882	116.55	117.56	117.06	24.6	
2003/5/27	1,086	116.20	117.34	116.77	9.3	
2003/6/5	126	117.30	119.95	118.63	1.1	
2003/6/6	1,502	117.62	118.95	118.29	12.7	
2003/6/12	70	117.45	117.96	117.71	0.6	
2003/6/13	869	117.17	117.94	117.56	7.4	
2003/6/16	1,464	117.16	117.82	117.49	12.5	
2003/6/23	177	117.48	118.63	118.06	1.5	
2003/6/25	2,081	117.32	118.20	117.76	17.7	
2003/7/3	1,508	117.85	118.61	118.23	12.8	
2003/7/7	2,340	117.84	118.34	118.09	19.8	
2003/7/8	2,221	117.55	118.71	118.13	18.8	
2003/7/9	236	117.65	118.48	118.07	2.0	
2003/7/10	1,744	117.38	118.04	117.71	14.8	
2003/7/11	412	117.56	118.02	117.79	3.5	
2003/7/14	3,618	117.35	117.86	117.61	30.8	
2003/7/15	6,466	116.65	118.05	117.35	55.1	
2003/7/16	1,726	117.90	118.70	118.30	14.6	
2003/8/29	4,124	116.15	117.38	116.77	35.3	
2003/9/2	2,733	115.83	117.25	116.54	23.5	
2003/9/4	7,055	115.75	117.09	116.42	60.6	

2003/9/5	3,953	116.42	117.15	116.79	33.8	
2003/9/8	2,231	116.38	117.72	117.05	19.1	
2003/9/9	2,633	116.10	116.95	116.53	22.6	
2003/9/10	5,436	116.66	117.26	116.96	46.5	
2003/9/11	4,872	116.45	117.26	116.86	41.7	
2003/9/12	10,178	116.71	117.55	117.13	86.9	
2003/9/15	271	117.24	117.70	117.47	2.3	
2003/9/16	1,087	116.02	117.48	116.75	9.3	
2003/9/30	10,667	110.07	112.10	111.09	96.0	
2003/10/1	2,998	110.55	111.50	111.03	27.0	
2003/10/2	3,332	110.55	111.35	110.95	30.0	
2003/10/7	2,831	109.35	111.13	110.24	25.7	
2003/10/9	3,446	108.80	109.62	109.21	31.6	
2003/10/10	549	108.28	109.32	108.80	5.0	
2003/10/13	1,404	108.30	109.05	108.68	12.9	
2003/10/14	310	108.66	110.28	109.47	2.8	
2003/10/28	108	108.18	108.65	108.42	1.0	
2003/10/29	1,585	107.86	108.37	108.12	14.7	
2003/10/30	124	107.98	108.88	108.43	1.1	
2003/11/10	3,665	107.86	109.64	108.75	33.7	
2003/11/11	1,425	108.40	109.13	108.77	13.1	
2003/11/14	38	107.97	108.55	108.26	0.4	
2003/11/18	216	107.94	109.10	108.52	2.0	
2003/11/19	9,487	107.52	109.38	108.45	87.5	
2003/11/20	1,040	108.62	109.32	108.97	9.5	
2003/11/21	1	108.68	109.40	109.04	0.0	
2003/12/8	876	107.11	107.78	107.45	8.2	
2003/12/9	2,914	106.74	107.57	107.16	27.2	
2003/12/10	12,838	106.95	108.75	107.85	119.0	
200312/11	1,049	107.95	108.45	108.20	9.7	
2003/12/12	2,925	107.65	108.06	107.86	27.1	
2003/12/26	1,917	106.93	107.51	107.22	17.9	
2003/12/29	1,725	106.90	107.40	107.15	16.1	

日付						
2003/12/30	371	106.90	107.14	107.02	3.5	
2003/12/31	1,581	106.90	107.73	107.32	14.7	
2004/1/2	3,804	106.70	107.50	107.10	35.5	
2004/1/5	8,951	106.06	107.38	106.72	83.9	
2004/1/6	8,185	106.08	106.41	106.25	77.0	
2004/1/7	5,822	105.90	106.44	106.17	54.8	
2004/1/8	7,922	106.14	106.25	106.20	74.6	
2004/1/9	16,664	106.18	108.30	107.24	155.4	
2004/1/12	571	106.39	106.75	106.57	5.4	
2004/1/13	1,882	106.10	106.72	106.41	17.7	
2004/1/14	2,071	105.95	106.33	106.14	19.5	
2004/1/15	1,623	106.00	106.50	106.25	15.3	
2004/1/16	4,386	105.70	107.00	106.35	41.2	
2004/1/22	243	105.94	107.22	106.58	2.3	
2004/1/23	1,575	105.75	106.83	106.29	14.8	
2004/1/26	21	105.80	106.74	106.27	0.2	
2004/1/27	1,881	105.45	106.40	105.93	17.8	
2004/1/28	2,264	105.50	106.65	106.08	21.3	
2004/1/29	112	105.63	106.31	105.97	1.1	
2004/1/30	238	105.63	106.13	105.88	2.2	
2004/2/2	2,512	105.38	105.77	105.58	23.8	
2004/2/3	8,893	105.23	105.87	105.55	84.3	
2004/2/4	884	105.32	105.64	105.48	8.4	
2004/2/6	1,090	105.39	106.80	106.10	10.3	
2004/2/9	30	105.53	106.15	105.84	0.3	
2004/2/10	1,160	105.35	105.89	105.62	11.0	
2004/2/11	4,021	105.16	105.72	105.44	38.1	
2004/2/12	1,336	105.31	105.55	105.43	12.7	
2004/2/13	3,863	105.33	105.60	105.47	36.6	
2004/2/16	842	105.40	105.53	105.47	8.0	
2004/2/17	1,584	105.44	106.02	105.73	15.0	
2004/2/18	2,410	105.53	107.12	106.33	22.7	
2004/2/19	1,000	106.30	107.43	106.87	9.4	

2004/2/20	107	106.92	109.35	108.14	1.0	
2004/2/23	1,181	108.07	109.39	108.73	10.9	
2004/2/24	1,211	108.07	108.74	108.41	11.2	
2004/2/25	947	108.04	109.13	108.59	8.7	
2004/2/27	1,695	108.85	109.71	109.28	15.5	
2004/3/1	1,493	108.90	109.42	109.16	13.7	
2004/3/2	4,219	108.92	110.42	109.67	38.5	
2004/3/3	799	110.01	110.49	110.25	7.2	
2004/3/4	1,974	110.04	111.17	110.61	17.8	
2004/3/5	12,446	111.00	112.30	111.65	111.5	
2004/3/8	8,090	111.10	112.34	111.72	72.4	
2004/3/9	7,236	110.20	111.64	110.92	65.2	
2004/3/10	693	110.72	111.54	111.13	6.2	
2004/3/11	3,629	111.07	111.04	111.06	32.7	
2004/3/15	4,075	109.20	111.06	110.13	37.0	
2004/3/16	678	108.60	110.35	109.48	6.2	
2010/9/15	21,249	82.87	85.78	84.33	252.0	
2011/3/18	6,925	78.83	82.00	80.42	86.1	
2011/8/4	45,129	76.96	80.25	78.61	574.1	
2011/10/31	80,722	75.53	79.55	77.54	1,041.0	
2011/11/1	2,826	78.01	79.10	78.56	36.0	
2011/11/2	2,279	77.94	78.42	78.18	29.2	
2011/11/3	2,028	77.89	78.17	78.03	26.0	
2011/11/4	3,062	77.99	78.27	78.13	39.2	
	749,443				7,490.6	100.05

出所：財務省「外国為替平衡操作の実施状況」より作成。
　　プラスはドル買い・円売り、マイナスはドル売り・円買いを表す。

■日経平均株価とニューヨークダウの推移（00年1月～19年3月）

主要参考文献

速水優『変動相場制10年 — 海図なき航海』東洋経済新報社、1982年
速水優『円が尊敬される日』東洋経済新報社、1995年
速水優『中央銀行の独立性と金融政策』東洋経済新報社、2004年
速水優『強い円　強い経済』東洋経済新報社、2005年
白川方明『中央銀行　セントラルバンカーの経験した39年』東洋経済新報社、2018年
三國陽夫『円の総決算』講談社、1993年
三國陽夫、R・ターガート・マーフィー『円デフレ』東洋経済新報社、2002年
三國陽夫『黒字亡国 — 対米黒字が日本経済を殺す』文春新書、2005年
速水優、三國陽夫「国を売るのか、円安介入 — 円は基軸通貨になれる」『Voice』2005年7月号
三國陽夫「"黒字激減"で自立する日本　アメリカの消費力に依存しない製造業へ」『Voice』2009年8月号
三國陽夫「『黒字亡国』から抜け出そう　ドル資産226兆円は返ってこない。今こそ『ドル支配』を脱せよ！」『文藝春秋』2010年2月号
加野忠『ドル円相場の政治経済学』日本経済評論社、2006年
円より子『女と通貨と政治文化 — 失われた二十年をこえて』第一法規、2010年
岩本沙弓『新・マネー敗戦 — ドル暴落後の日本』文春新書、2010年
岩本沙弓『マネーの動きで見抜く国際情勢　経済メカニズムの"ウラ・オモテ"』PHP研究所、2010年
岩本沙弓『為替占領　もうひとつの8.15　変動相場制に仕掛けられたシステム』ヒカルランド、2011年
岩本沙弓『世界のお金は日本を目指す』徳間書店、2012年
岩本沙弓『バブルの死角　日本人が損するカラクリ』集英社新書、2013年
野口悠紀雄『円安バブル崩壊』ダイヤモンド社、2008年
野口悠紀雄『金融緩和で日本は破綻する』ダイヤモンド社、2013年
野口悠紀雄『円安待望論の罠』日本経済新聞出版社、2016年
野口悠紀雄『異次元緩和の終焉　金融緩和政策からの出口はあるのか』日本経済新聞出版社、2017年
佐上武弘「天皇陛下と円の切上げ」『週刊東洋経済』1982年10月16日号
吉野俊彦『NHK市民大学　円とドル』日本放送出版協会、1987年
船橋洋一『通貨烈烈』朝日新聞社、1988年
佐藤栄作『佐藤榮作日記』朝日新聞社、1997年
吉川元忠『マネー敗戦』文春新書、1998年

主要参考文献

関志雄『円と元から見るアジア通貨危機』岩波書店、1998年
藤井良広『縛られた金融政策』日本経済新聞社、2004年
アラン・グリーンスパン『波乱の時代 ― 世界と経済の行方』日本経済新聞出版社、2007年
ジョン・B・テイラー『テロマネーを封鎖せよ 米国の国際金融戦略の内幕を描く』日経BP社、2007年
須田慎一郎『財務官 ― その権力と正体』祥伝社、2005年
榊原英資『国際金融の現場 市場資本主義の危機を超えて』PHP新書、1998年
榊原英資『強い円は日本の国益』東洋経済新報社、2008年
榊原英資『榊原式スピード思考力』幻冬舎、2009年
神谷一郎『大蔵省財務官榊原英資氏の大罪 ― 円安誘導政策は誤りだ！―』アスペクト、1999年
金井晴生『「日本発」世界大恐慌』PHP研究所、2010年
林敏彦『大恐慌のアメリカ』岩波新書、1988年
永田実『マーシャル・プラン』中公新書、1990年
侘美光彦『世界大恐慌 ― 1929年恐慌の過程と原因 ―』御茶の水書房、1994年
C・P・キンドルバーガー『熱狂、恐慌、崩壊 ― 金融恐慌の歴史』日本経済新聞社、2004年
チャールズ・P・キンドルバーガー『大不況下の世界 1929-1939 改訂増補版』岩波書店、2009年
竹森俊平『世界デフレは三度来る』講談社、2006年
竹森俊平『経済論戦は甦る』日経ビジネス人文庫、2007年
藻谷浩介『デフレの正体 ― 経済は「人口の波」で動く』角川書店、2010年
トマ・ピケティ『21世紀の資本』みすず書房、2014年
水野和夫『資本主義の終焉と歴史の危機』集英社新書、2014年
水野和夫『閉じてゆく帝国と逆説の21世紀経済』集英社新書、2017年
村井睦男『金融自由化後の金融世界』大学教育出版、2015年
マーティン・ウルフ『シフト＆ショック』早川書房、2015年
唐鎌大輔『欧州リスク 日本化・円化・日銀化』東洋経済新報社、2014年
エマニュエル・ドット『「ドイツ帝国」が世界を破滅させる 日本人への警告』文春新書、2015年
佐々木融『弱い日本の強い円』日本経済新聞出版社、2011年
浜矩子『「アベノミクス」の真相』中経出版、2013年
小幡績『円高・デフレが日本を救う』ディスカバー・トゥエンティワン、2015年
明石順平『アベノミクスによろしく』集英社インターナショナル、2017年
小巻泰之、竹田陽介『1980年代後半期と1990年代の為替介入効果の比較分析 ― 1980年代後半期の為替調整における公的介入：観測介入と口先介入 ―』日本大学経済学部「紀要37号」2007年
国立国会図書館『調査と情報 ― Issue Brief ―』No.1007（2018.5.24）

日本割引短資『わが国の外国為替市場』1980 年
東京外国為替市場慣行委員会編『東京外国為替市場の手引』1990 年
古海建一『ビジネス・ゼミナール　外国為替入門』日本経済新聞社、1990 年
日本銀行国際収支統計研究会『入門　国際収支』東洋経済新報社、2000 年
国際通貨研究所『マネーの動きで読み解く外国為替の実際』PHP 研究所、2007 年
熊倉正修『国際日本経済論 ― グローバル化と日本の針路』昭和堂、2015 年

新聞記事等

日本経済新聞「輸出競争力低下しアジア通貨危機に　米連銀がリポート」1998 年 1 月 11 日
日本経済新聞「日本の円安誘導アジア危機招く　米議会で報告」1998 年 4 月 23 日
日経金融新聞「悩み深い黒田財務官」1999 年 7 月 22 日
テレビ朝日『サンデープロジェクト』1999 年 9 月 12 日
読売新聞「国際マネーの攻防 ― 榊原英資回想記」1999 年 9 月 17 日
日経金融新聞「円高放置は改革促進狙い？」1999 年 8 月 25 日
小宮隆太郎「日銀包囲網　調整インフレ合理性なし」朝日新聞『この人にこのテーマ』1999 年 11 月 3 日
産経新聞「日銀への量的緩和圧力『火付け役は榊原氏』鈴木元日銀理事が批判」1999 年 11 月 11 日
金森久雄「円高阻止に断固たる態度を」日本経済新聞『一刀両断』1999 年 12 月 12 日
吉冨勝「景気をどう見る　なだらかな回復続く」日本経済新聞『経済観測』1999 年 12 月 12 日
伊藤隆敏「円ドルの市場介入　過度の変動防止に効果」日本経済新聞『経済教室』2001 年 8 月 2 日
宮沢喜一『私の履歴書』日本経済新聞、2006 年 4 月
日本経済新聞夕刊「小泉政権　デフレと格闘の 5 年」2006 年 5 月 2 日
行天豊雄『私の履歴書』日本経済新聞、2006 年 10 月
日本経済新聞「白川氏『米金融の動揺深刻』日銀人事所信聴取　渡辺氏、市場機能を重視」2008 年 4 月 9 日
黒田東彦「背景に経常収支の不均衡」朝日新聞『経済危機の行方』2008 年 11 月 4 日
野口悠紀雄「円高怖くない」朝日新聞『オピニオン』2010 年 10 月 1 日
日本経済新聞「G7 協調介入　市場が問う本気度」2011 年 3 月 19 日
日本経済新聞「安倍発言に市場動く　選挙後にらみ円安・株高」2012 年 11 月 16 日
日本経済新聞「意図せぬ円高　99 円台　マイナス金利導入半年」2016 年 8 月 17 日
日本経済新聞「異次元緩和　日銀出身者の『検証』は」2016 年 9 月 8 日
浜田宏一「減税含む財政拡大必要」日本経済新聞『経済観測』2016 年 11 月 15 日
菅義偉「為替、危機管理忘らず」日本経済新聞『展望 2017』2016 年 12 月 27 日

産経ニュース【話の肖像画】2017 年 5 月 25 日
NHK 日曜討論「自民党総裁選　候補者に問う」2018 年 9 月 16 日
日本経済新聞「地銀 7 割が減益・赤字」「4 〜 9 月期　本業・不良債権・運用で三重苦」2018 年 11 月 20 日
池尾和人「異次元緩和　負の効果拡大」日本経済新聞『経済教室』2018 年 11 月 30 日
朝日新聞「G20 財務相・中銀総裁会議『世界経済の不均衡』議題に」2019 年 1 月 18 日

ホームページ

日本銀行、財務省、米 FRB、IMF 、Federal Reserve Bank of St. Louis、CFTC、東京外為市場委員会、国際通貨研究所（IIMA）、国会会議録検索システム、Yahoo! ファイナンス、AIA ビジネスコンサルティング、債券市場の片隅から、藤原直哉のインターネット放送局

■著者紹介

金井　晴生　（かない　はるお）

1953年山形県酒田市生まれ。77年慶応義塾大学経済学部を卒業後、東京銀行（現、三菱UFJ銀行）に入行。同行為替資金部、シンガポール支店勤務を経て、85年チェースマンハッタン銀行（現、JPモルガン・チェース銀行）に転職。以来、いくつかの大手欧米銀行でチーフディーラーとして活躍。02年から大手FX（外国為替証拠金取引）会社でディーリング業務に携わり18年に第一線から退いた。03年〜10年日経CNBCで為替コメンテーターを務める。著書に『「日本発」世界大恐慌』（PHP研究所、10年）がある。

だれも書けなかった円安誘導政策批判

2019年10月10日　初　版第1刷発行

■著　　者　──　金井晴生
■発 行 者　──　佐藤　守
■発 行 所　──　株式会社　大学教育出版
　　　　　　　〒700-0953　岡山市南区西市855-4
　　　　　　　電話（086）244-1268　FAX（086）246-0294
■印刷製本　──　モリモト印刷㈱

© Haruo Kanai, Printed in Japan
検印省略　　落丁・乱丁本はお取り替えいたします。
本書のコピー・スキャン・デジタル化等の無断複製は著作権法上での例外を除き禁じられています。本書を代行業者等の第三者に依頼してスキャンやデジタル化することは、たとえ個人や家庭内での利用でも著作権法違反です。
ISBN978-4-86692-045-0